本当は怖い！
日本のしきたり

秘められた
深い意味
99

平川陽一
Yoichi Hirakawa

PHP

言い伝えられた謎を解く――まえがきに代えて

日本には、古くからのしきたりや慣習が数多く残る。長い歴史のなかで、先人の知恵が世代を超えて語り伝えられてきているもので、調べてみると、知恵の上に知恵が加えられ、しきたりや慣習として、生活のさまざまな場面にいまもしっかりと息づいていることがわかる。

代表的なしきたりや慣習に、年中行事がある。また、結婚や出産、成人式などの慶《けい》事《じ》や、葬儀や法要などの弔事《ちょうじ》にも、しきたりはつきものである。さらにさまざまな神社仏閣にもしきたりや慣習がある。

風化することなく現代まで生き残ったしきたりに、私たちは先人の遺《のこ》した教訓を知ることができるだろう。しかし一方で、そのもとを遡《さかのぼ》っていくと、意外にも残酷な、恐ろしい側面を発見してしまうことがある。

人間にはさまざまな場面で、「忘れられない」記憶がある。仮にそれが恐怖に由来するものであれば、心に刻みつけられた恐ろしさは、なかなか消えるものではない。実はそれがしきたりとなり、伝えられているケースも少なくないのだ。

本書では、「言い伝えや風習」「年中行事」「童謡・昔話」「冠婚葬祭」「神社仏閣・観光地」「山や村」「ことわざ・故事成語」などに分けて、そこに隠された話を紹介してみたい。

現代人はしきたりというと、「面倒な」「いまどき古臭い」などと思ってしまうかもしれない。だが、なぜそのように伝えられているのかという点を探るにつれて、秘められた意味も納得できるはずである。日本人の生活における伝統的な諸事象《じしょう》には、敬虔《けいけん》な心が込められている。それは現代人にとっては思いもつかない、奥深いものなのである。

この本の検証が、しきたりや言い伝えの真相を理解するうえで、何らかの手引きとなれば幸いである。

二〇一八年十一月

平川陽一

本当は怖い！　日本のしきたり　**目次**

第2章　年中行事に秘められた意味とは？

第3章　童謡・昔話には哀話が隠されていた？

第4章 冠婚葬祭のさまざまなしきたりとは？

第5章 神社仏閣に伝わる怖い風習とは？

第6章 山や村の知られざる風習とは？

第7章 ことわざ・故事成語の怖い意味とは？

第1章

なぜ、こんな言い伝えや風習があるのか？

1　「大安」「仏滅」をなぜ気にするのか？

結納《ゆいのう》や結婚式の日を決める際、多くの日本人は「大安《たいあん》」の日を選びたがる。もちろん披露宴も大安が人気で、気候のいい時期の大安の土曜日、日曜日ともなれば、結婚式場やホテルは大盛況となる。

その一方、葬儀では「友引《ともびき》」の日が敬遠される。

暦《こよみ》などに記されるこれらの「大安」や「友引」は、六曜というもの。もともと中国で生まれ、時刻の吉凶占いだったが、日本に伝来してから六種の吉凶日として形を変えたもので、「ろくよう」あるいは「りくよう」と呼ばれる。文字どおり六つの日があり、「先勝」「友引」「先負」「仏滅《ぶつめつ》」「大安」「赤口」と、基本的に順番も決まっている。

「先勝」は「せんしょう」「せんかち」あるいは「せんがち」「さきがち」と読み、午前中が吉とされ、急ぎの用や訴訟《そしょう》によいとされる。ただし午後は凶で要注意である。

「友引」は午前、夕刻、夜は相引《あいび》きで勝負なしの吉の日。ただし「凶事に友を引く日」と考えられ、昼は凶とされるほか、この日に葬儀をすると死者が続くといわれる。

また、勝負ごとをしても決着がつかない日ともされている。もともとは中国の「留引」という言葉がルーツとされ、意味は「いま、あることが継続したり停滞したりすること」。その「留引」を「ゆういん」と発音したことから「友引」の文字が当てられ、やがて「友を引く」という意味に変わったといわれる。

「先負」は「せんぶ」「せんまけ」「さきまけ」と呼ばれ、急ぎの用事は避けるべき日で、少なくとも午前中はおとなしくしているに限る。午後は吉。

「仏滅」は凶の一日で、なにごとも慎《つつし》むべき日。この日に病気になると長引くともいわれる。仏陀《ぶつだ》が亡くなった日という説もあるが根拠がなく、後付けとされている。

「大安」は万事に吉で、まさに「大安吉日」。仕事や商売を始めるのも、旅行に出るのも、結婚生活を始めるのも、引っ越しも、あるいは家の新築や増築を開始するのも、すべて吉。

「赤口」は「しゃっこう」「しゃっく」と呼ばれる。新しいことを始めるのには向かない日であるだけでなく、なにごとをするにも注意を払う必要があるとされる。ただし、正午だけは吉。

基本的には、この六つが繰り返されていく。だが暦を見ると、たまに六曜の順番が違っていることに気がつくはずだ。それは、六曜が旧暦にのっとって繰り返されているからだ。

六曜には、旧暦の一月一日を先勝とし、二月一日は友引、三月一日は先負……というように、旧暦の毎月一日の六曜が定められている。一年は十二ヵ月だから、六曜がふたまわりして、毎年一月には先勝に戻るわけである。つまり、一月と七月は先勝、二月と八月は友引、三月と九月が先負、四月と十月が仏滅、五月と十一月が大安、六月と十二月は赤口というサイクルとなっている。

暦に詳しい人は、「閏月《うるうづき》があったはず」と不思議に思うかもしれない。だが、閏月の一日には、その前の月と同じ六曜が用いられる。そのため六曜のサイクルが年によって変わることはない。それにしても、昔の人はよく考えたものである。

2 「夜、爪を切ると親の死に目にあえない」は本当？

ことわざや言い伝えには、医学的に見ても合理的なものが少なくない。それどころか、さまざまな面から見ても合理的なのが、「夜、爪《つめ》を切ると親の死に目にあえない」という言葉である。

多くの人が、この言葉を使うようになったのは江戸時代とされる。

当時の人々は、夜明けとともに活動を始め、日暮れとともに休む生活だった。

夜になれば、外は月明かりだけがたよりで、家の中は現代のような照明器具もなく、灯りといえば、せいぜいロウソクや行灯《あんどん》くらい。しかも、貧しい暮らしにあっては、ロウソクや行灯の油すら貴重品という家庭も少なくなかったはず。つまり「ロウソクや油を節約するために、夜はとっとと眠るに限る」というわけである。親元を離れて生活していて家計が苦しいとなれば、親の一大事のときに、おいそれと駆けつけることもできないだろう。つまり、節約しなければ親の死に目にあえないのだ。

また、民俗学に通じる黒塚信一郎《くろつかしんいちろう》氏は、次のような説を展開する。

ロウソクの火をともして爪を切ろうとしても、十分な明るさは得られない。その結果、手元を見誤って深爪をしたり、思わぬ傷をつけてしまったりする。昔は衛生環境が劣悪とはいわないまでも、十分に清潔だったとは考えにくく、バイキンや雑菌が傷口から入れば、化膿したり、病気になったりする。長患《ながわずら》いでもすれば、親が危篤《きとく》になっても、やはり親元に駆けつけることは無理である。身体は父母から与えられたものであり、少しも傷つけないのが親孝行であるという儒教の教えに即している。

要するに「夜、爪を切ると親の死に目にあえない」のは、自分自身が、きわめてよろしくない状態に置かれてしまうためなのである。

ところで、「爪」ではなく、実は「詰め」からきているとする説もある。夜襲のことを「夜詰め」ともいう。つまり、自分自身が夜間の戦闘に臨《のぞ》んでいるような差し迫った状態にあれば、当然ながら親の身に何かが起きたとしても、それどころではなく、死に目にあえないという話である。

仮に我が子がいたとして、万が一「夜詰め」で自分自身が死んでしまえば、やはり子どもは親の死に目にあえないことになる。

3　「畳の縁を踏んではいけない」のは命を守るため？

昨今、アパートやマンションに限らず、一戸建てでも「和室よりも洋間の数の方が多い」という家が少なくないようだ。たしかに掃除はもちろん、メンテナンスの点でも、和室より洋間の方に分《ぶ》がある。

とはいえ、やはり日本人にとって和室は魅力的な空間だ。真新しい畳《たたみ》の香りは清々《すがすが》しい気持ちにさせてくれるし、寝転がったときの固すぎず、柔らかすぎずという適度な感触は、洋間のカーペットやソファーでは味わえない。

ところで、自分の家に畳はなくても、訪問先の家で畳の敷《し》かれた和室に入ったときに気をつけたいのが、「畳の縁《へり》は踏まない」という行儀作法である。

畳は、イグサを編み込んで作られた「畳表」と呼ばれる敷物で板材をおおっている。その縁には「畳縁《たたみべり》」という帯状の布が縫《ぬ》いつけられていて、畳表を留める役割をはたしている。一方、畳縁には装飾の意味もある。たとえば、おしゃれな模様があしらわれていたり、その家の紋を入れたりする。つまり、畳の縁を踏むと家紋を踏んでしまうケースもあるわけで、これは失礼きわまりないというわけだ。

また、畳の縁は表面よりもわずかだが高く、歩くときに足を引っかけることもあり得るから、縁を踏まないのは安全のためでもある。

さらに、かつては命にかかわる話もあった。表舞台で武士たちが活躍していた時代に、裏の世界で暗躍していたのは忍者や刺客《しかく》といった曲者《くせもの》たち。武家屋敷に忍び込み、要人の命を狙《ねら》おうというとき、床下にかくれ、ターゲットが畳の上を歩いているときに、下から刀や槍《やり》で殺傷するという手段がとられることもあった。そのときに利用されたのが、畳の縁と縁との境目だった。

他に、畳の縁は「結界《けっかい》（定められた聖域）」という説もある。畳が和室に敷き詰められるようになるまでは、権力者の座る場所にだけ畳が敷かれ、その場所以外は板敷《いたじき》だったという歴史がある。つまり畳の縁には分け隔《へだ》てる目印という意味もあったわけで、そこを踏むのは「タブー」とされたのである。

4 「秋ナスは嫁に食わすな」は姑の思いやり？

「秋ナスは嫁に食わすな」という言葉は、「美味《おい》しい秋のナスを嫁ごときに食べさせることはない」と理解している向きも少なくないだろう。ところがこの言葉には、お嫁さんに対する深い愛情が込められていた。

たしかに、秋ナスは美味しい。だからついつい食べ過ぎてしまうが、それはお嫁さんの身体によくないといっているのだ。そもそもナスは夏野菜で、身体の熱をとる作用がある。暑い時期ならともかく、涼しくなってきた秋にナスを食べて身体を冷やしたらいけないという姑《しゅうとめ》の気づかいからで、もしお嫁さんが妊娠していたとしたらなおさらである。

迷信まがいではあるが、「秋ナスは種が少ないので子どもができにくくなる」という説もある。親からすれば、息子が結婚して安心したら、次の楽しみは孫の顔を見ること。そのためには、お嫁さんが健康でいてくれるのがなによりというわけだ。

ちなみに、「嫁に食わすな」には、ほかにも「秋鯖《あきさば》は嫁に食わすな」「秋カマスは嫁に食わすな」「五月蕨《ごがつわらび》は嫁に食わすな」と、あれこれある。

「秋鯖」の場合は「脂《あぶら》ののった美味しい秋鯖を嫁に食べさせるのはもったいない」という説と、「秋になると鯖は鮮度が落ちるので、お嫁さんの健康を考えて食べさせないようにする」という二つの説がある。

「鯖の生き腐れ」という言葉もあるように、鯖はたいへん傷《いた》みやすく、足の早い魚である。また、人によっては鯖を食べるとジンマシンが出たり、腹痛を起こしたりするので、姑は嫁を気づかったのかもしれない。

「秋カマス」も同様。カマスは秋の訪れを告げる魚ともいわれ、上品な味の白身が最も美味しいのが秋。「嫁に食べさせるのはもったいない説」と「食べ過ぎに気をつけさせた説」がある。

「五月蕨」についても同じで、「美味しいから嫁に食べさせるな説」と「食べ過ぎに注意説」がある。

5 「茶柱が立つと縁起がいい」は策略だった？

日本食の素晴らしさが世界中で認められる一方で、平日の朝はコーヒーで目を覚まし、トーストとハムエッグで朝食を済ませるという人も少なくないだろう。だが「朝茶はその日の厄落《やく》とし」という言葉もある。せめて、休日の朝くらいは緑茶を飲んで、梅干の一つもいただき、日本の朝を味わいたいもの。

そんな朝に、茶柱でも立っていれば、ごきげんの度合いも増すはずだ。「茶柱が立つと縁起がいい」といわれるのは、「稀《まれ》なこと」だから。お茶を淹《い》れるときに使う急須には、茶葉が湯飲み茶わんに入らないようにする茶こしの役割をもった、いわば「フィルター」がついている。

当然、茶葉だけでなく茶柱にしても、そのフィルターに引っかかり、湯飲み茶わんの中には姿を現さない。しかし、なかにはその網の目をすり抜ける茶柱がある。それが珍しい現象だから「縁起がいい」とされるわけである。

「珍しい＝稀なこと＝縁起がいい＝おめでたい」という図式は、長寿の祝いとして「古稀《こき》」があることからもわかる。唐《とう》を代表する詩人・杜甫《とほ》の詩に「曲江《きよくこう》」があり、「人生七十古来稀なり」とあるのは広く知られているとおりだ。

しかし、「茶柱が立つと縁起がいい」という話は、ここで終わらない。実は製茶業者の策略という説もある。

高級茶葉は、一番茶と呼ばれる新芽をていねいに手で摘《つ》み取って収穫する。そこには茶柱の正体の、「お茶の茎《くき》」は入らない。そのあとで、さらに成長したお茶から「二番茶」を収穫するが、お茶の葉だけではなく、茎も当然成長していて、お茶の葉に交じりやすくなる。だが、それを取り除くには時間も手間もかかるため、そのまま出荷に至る。

お茶好きに限らず、一番茶に人気が集まるのは世の常で、二番茶は敬遠されがち。そこで一計を案じ、一番茶にはなくて二番茶に多い茎を茶柱と呼び、これは縁起がいいものと世に広めたというもの。これが事実とすれば、いつの時代にも知恵者がいると、感心させられるではないか。

6 「ミョウガを食べると物忘れをする」は濡れ衣？

落語に「茗荷宿《みょうがやど》」という噺《はなし》がある。ミョウガを食べると物忘れをすると知った宿屋の主人とおかみさんが、泊まり客に「ミョウガづくし」の料理を食べさせる。翌朝、客が宿を立ったあと、何か忘れ物をしていないかと部屋を確かめるが、何もない。

ところが、客は宿賃を払うのを忘れていた……という一席である。

「ミョウガを食べると物忘れをする」という言い伝えに、科学的な根拠はない。少なくとも現時点では、医学的にその因果関係は証明されていない。

ではなぜ、そのような話が長く伝わったのか。その答えは、まず紀元前五世紀前後にまでさかのぼる。

お釈迦《しゃか》様の弟子の中に、摩訶槃特《マハーパンタカ》と周利槃特《しゅりはんどく》という兄弟がいた。兄の摩訶槃特がとても優秀だったのに対し、弟の周利槃特は愚かだったと伝えられている。

伝えられるところでは、教えを憶《おぼ》えることができないどころか、自分の名前さえ忘れたりした。自分の名前を布に書いてのぼりにし、托鉢《たくはつ》するほどだったという。

その周利槃特の死後、彼の墓場のそばに生えた草がミョウガだった。そこから「ミョウガを食べると自分の名まで忘れるようになる」という話が広まり、やがて「ミョウガ＝物忘れ」というミョウガにとっては、まるで濡《ぬ》れ衣《ぎぬ》のようなイメージが定着したというわけだ。

だが、周利槃特の名誉のために紹介したい話がある。

一時は優秀な兄によって還俗《げんぞく》させられそうになった周利槃特だが、それを知ったお釈迦様が、周利槃特に一枚の布を与えて「塵《ちり》を払い、垢《あか》を除く」と唱えさせ、掃除を言いつけた。すると、周利槃特は「落とすべき汚れとは、貪《とん》、瞋《じん》、痴の心の汚れ」と悟り、のちには十六羅漢《らかん》の一人に数えられるまでになっている。

つまりは、立派なお弟子さんだったわけで、お釈迦様の慧眼《けいがん》には畏《おそ》れ入るばかりだ。

7 「初物を食べると七十五日寿命が延びる」理由は?

江戸中期の俳人・山口素堂《やまぐちそどう》に「目には青葉　山ほととぎす　初鰹《はつがつお》」という句がある。江戸っ子たちが春から夏にかけて、楽しんだものや好きなものが並ぶ句だが、なかでもこれから旬《しゅん》となる「初鰹」は、「女房を質に入れても食う」といわれたほどだ。

旬という言葉は、最も味の良い時のことで、本来は上旬、中旬、下旬のように、十日間を意味したものだ。「初物を食べると七十五日寿命が延びる」といわれたのは、せっかちで負けず嫌いの江戸っ子の、我先の思いから生まれたのかもしれない。しかも、現代のように物流がスピーディーではなかった時代には、旬のものは早ければ早いほどいいと考えられたのは明らかだ。

江戸っ子は初鰹を刺身で食べたが、土佐《とさ》(高知県)では、表面だけをあぶってから冷やし、薬味とタレをかけて食べる「土佐づくり」と呼ばれる鰹料理が有名だ。いわゆる「たたき」である。漁師のまかない料理という説もあるが、広く知られているのは土佐藩初代藩主・山内一豊《やまうちかつとよ》が鰹の生食《なましょく》を禁じたことから生まれたという話である。領民に食中毒が起こり、その原因を鰹の生食と考えた山内一豊は、鰹は焼いて食べるようにというお触れを出した。焼き魚にすれば、たしかに表面にいる雑菌や寄生虫を退治できる。

日頃からお殿様を敬愛する領民たちは、それを素直に聞き、鰹を焼いて食べるようにしたが、やはり生の美味しさにはかなわない。そこで表面だけをあぶり、焼き魚のように見せかけた鰹を味わったというものだ。

だが、江戸っ子にしても、土佐っ子にしても、それで「七十五日寿命が延びる」ことにはつながらない。

実は「七十五日寿命が延びる」という言葉は、ある死刑囚の願いがきっかけで生まれたという説がある。

「大岡越前《おおおかえちぜん》」や「遠山《とおやま》の金さん」が町奉行として活躍していた江戸時代、死刑と決まった罪人に対して、「食べたいものがあれば与える」という温情措置《そち》があった。そこである罪人が口にしたのが、およそ季節外れの食べものだった。その結果、死刑執行が七十五日ほど延びたという。

8 「寝言に言葉を返すな」は魂にとって危険だから？

現代でも、「眠り」は医学的に解明されていない点が多々ある。となれば、昔の人々が「眠り」についてさまざまな想像をめぐらせていたのも無理からぬ話だろう。

たとえば「眠っている間に、その人の魂は肉体から離れる」というのもそのひとつ。寝るときに使う枕の語源は「魂蔵《たまくら》（魂の入れもの）」で、人は寝ている間に身体から魂が抜け出て、枕の中で眠ると考えられたらしい。のちにはそれが「寝言に言葉を返すと、肉体に魂が戻れなくなる」という想像にまで発展した。

さらに肉体に魂が戻れないと「不吉なことが起こる」とされたり、なかには「死んでしまう」と信じられていたこともある。

では肉体から離れた魂はどこに行くのかといえば、「自分自身の肉体を見下ろしている」「神仏と会っている」「あの世に行っている」「ほかの魂と会っている」など諸説ふんぷん。

もちろん、どれも想像の産物で、確かめられたわけではないが、いずれにしても寝言に言葉を返すことがタブーだった点は共通している。

人間は、朝起きてから一日の活動を開始し、仕事を終え、食事を済ませて、夜になれば眠りにつくという日々を繰り返す。

だが昔の人は、眠りを「ひとつの死」と考えていたのではないだろうか。極端にいえば、「明日の朝、また目覚めるかどうかはわからない」。

そう考えれば「魂が肉体から離れる」、あるいは「あの世に行っている」などと想像したのも理解できる。なにより「死」を「永眠」というのも、納得できるだろう。魂が肉体から離れているときに話しかけるのは、危険とされたのも無理はない。

ところで、「眠り」は身体を休めるものと考えがちだ。ところが、「たしかに身体の疲れをとるためでもありますが、もっと大切なのは、実は脳を休めるためです」

と言うのが、日本睡眠学会理事長を務める日本大学医学部精神医学系の内山真《うちやままこと》教授。となれば、寝言に言葉を返すのは、せっかく休んでいる脳に刺激を与えかねないわけで、やはり寝言を聞いたとしても「聞かなかったことにしておく」のがよさそうだ。

9　なぜ「便所には咳払いをしてから入れ」なのか？

お年寄りの言葉には教えられることが多々あるが、「便所に入るとき、咳払《せきばら》いをしてから入らなければいけない」という教えがある。しかし、ノックをされて、中にいる人が「エヘン」と咳払いをするのならわかるが、なぜ入る人が先に咳払いをしなければならないのだろうか。

それは便所には、「厠《かわや》の神」なる守護の神様がいるからである。

「厠」は、川の上に架《か》けて作られていた「川屋」から転じたもので、大小便をするところを指す。人間の排泄物は、川から流れて海へ下る。そのかなたには「黄泉《よみ》の国」すなわち「死の国」があるとされた。死んで肉体を離れた霊魂はそこに行くもの……そう信じられてきた。

そこに住む神々は、この世とあの世を自由に行き来していたから、「厠」にも神様がいると信じられたわけだ。

こうした信仰のある土地では、「暑い日でも裸で便所に入るな」「便所に唾《つば》を吐いてはいけない」といわれてきた。この決まりを守らないと、「厠の神」の怒りに触れると戒《いまし》められたのである。

エヘンと声を出してから入るのは、神様に「失礼いたします。これから入ります」という挨拶《あいさつ》をすることになる。だから便所に裸で入るなど、なんとも失礼千万《せんばん》で、神様の怒りを買うわけだ。

面白い話がある。「厠の神」は、右手で大便、左手で小便を受けてくれるというのだ。

民俗学に詳しい黒塚信一郎氏の『茶柱が立つと縁起がいい』（原書房）によると、神様の両手はふさがっているから、唾を吐かれたら防げない。唾をかけられた神の怒りは激しく、「無礼者め」と、その人に喉《のど》の病気という罰を下すというから恐ろしい。

ちなみに、便所に神を祀《まつ》る風習はよく見られる。便壺の下に夫婦《めおと》人形を埋める、便所の棚に土人形を飾る、便所の柱に花や燈明《とうみょう》をあげるなどが行われている。

10 「えんがちょ」のしぐさが意味するものとは？

大型国語辞典『大辞泉』に「えんがちょ」は次のように記載されている。

「東京地方で、不浄なものに触れた人を、子どもがはやしたてる言葉。語源は不詳。『縁がちょんと切れる』ことからとも『因果な性』の音変化ともいう」

大ヒットしたアニメ映画『千と千尋の神隠し』にも出てくるほど、昭和期に子ども時代を過ごした方にとって、身近な言葉であり、しぐさであった。

たとえば、学校帰りに友達の一人が道端の犬の糞を踏んでしまった。踏んだ子どもは隣にいた友人の身体に触れ、「えんがちょ」とコールし、指を交差させるしぐさをした。糞を踏んだ子どもは隣にいる友人に触れることで、「汚れ《けが》（穢れ《けが》）」を移したのである。

しぐさには、「右手の人差し指と中指とを交差させる」「両手の親指と人差し指で輪を作る」「右手の中指と薬指とを交差させる」など、いくつかのパターンが見られる。

子どもたちは指を使って結界を張り、不浄なものから身を守ったのである。仏教で両手の手指を結んで組み合わせた形を「印《いん》を結ぶ」という。仏像の手を見れば、何かしらの印を結んでいるのがわかるだろう。

「えんがちょ」は、修験道《しゅげんどう》の行者たちが邪気を払うために用いた九字《くじ》の呪文と九種類の印と同じであり、護身術といえた。

余談だが、西洋では「人差し指と中指とを交差させる」しぐさは、「神のご加護を〈グッドラック〉」の意味になる。指を交差させるしぐさで十字架を表すらしい。

11 「一つ年上の女房は金のわらじを履いてでも探せ」？

「金のわらじ」を「きんのわらじ」と読む人もいるが、正しくは「かねのわらじ」である。金は「黄金《こがね》＝ゴールド」ではなく「鉄＝アイアン」を指している。

なぜ鉄なのかといえば、「この人こそ理想」という、一つ年上の女性にめぐりあうまでには、あちこち歩きまわることが必要で、そのためには丈夫な履物《はきもの》でなければならないから。また、重たいわらじを履いてでも探し求める価値があるという意味合いもあるだろう。

では、どうして一つ年上の女性なのか。

実は「一つ」というのは、のちにそうなったもので、最初は「年上の女房」といわれていた。年上の女房であれば、年下の亭主を思いやることができ、周囲への気配りも欠かさないだろう。いってみれば「大人の女性」である。また、幼な妻とは違って家事全般もこなせるだろうから、家庭のことは女房にまかせて、亭主は仕事に没頭できるという、いいことずくめと考えられたのである。

もちろん、女性にとってもメリットはある。一般的に男性よりも女性のほうが長生きで、年上の亭主に先立たれた女房は、それだけ未亡人としての生活が長くなる。年下の亭主であれば、一人で過ごす時間が短くてすむというわけだ。

もっとも、「亭主、元気で留守がいい」とか、「結婚はしても、自分の時間を大切にしたいから、そんなわがままをきいてくれる大人の男性がいい」と考えている女性であれば、「年上の亭主を金のわらじを履いてでも探す」のがいいのかもしれない。

12 「てるてるぼうず」の起源は残酷だった？

子どもの頃、運動会や遠足の前日に「てるてるぼうず」を作って、「あした、天気にしておくれ」と願ったことがある人は多いだろう。しかし、「てるてるぼうず」に秘められた物語を知れば、そうそう無邪気ではいられないかもしれない。

そもそも、てるてるぼうずの姿はなんとも異様ではないか。やけに頭が大きく、身体はまるで雨ガッパのようである。それが「首吊り」状態で軒先《のきさき》などから下げられているのだから、見方によっては不気味でもある。

そして、「てるてるぼうず」は実在したという話がある。

ある年のこと、長く雨が続き、人々は難渋《なんじゅう》した。

「誰か、雨がやむ方法を知らないか」という為政者の声に、ひとりの僧侶が名乗り出て経《きょう》を唱えたが、いつまでたっても雨はやまない。

「嘘《うそ》つきめ」と、怒った為政者が僧侶の首をはね、見せしめとして首を布に包んで吊るしたところ、雨があがったという。

こうなると、てるてるぼうずの坊主頭、雨ガッパは僧侶の衣《ころも》、そして姿は吊るされた首と、すべてが一致する。

また、「てるてるぼうず」は中国から伝わった「掃晴娘《そうせいじょう》」の話に由来するという説もある。

昔々、中国のある街に、紙切り細工が好きな晴娘という美しい女性がいた。ある年、雨が長く続き、彼女が晴れることを願うと、「命を差し出せば雨はやむ。だが、拒《こば》めば雨は降り続き、大惨事をもたらす」と天の声が聞こえてきたのである。

迷った末に晴娘が死を選ぶと、雨があがった……。

後世の人は、紙切り細工が好きだった晴娘をしのんで、ほうきを持った「掃晴娘」という紙人形を作るようになったという。「掃晴娘」の「掃」は、空の雲をほうきで掃いて青空にするといった意味だ。

日本の僧侶にしろ、中国の晴娘にしろ、いうならば「生贄《いけにえ》」のようなもので、自らの命を捧《ささ》げることで、自然の猛威を鎮《しず》めたというわけである。

13 「手締め」で手を叩くのは和解のしるし？

祭りやイベントなどを終えるとき、最後に「お約束」となっているのが「手締め」である。式典だけでなく、商談や株主総会などの終わりにもよく見られる。

「それでは、お手を拝借」の一言と、「いよーっ」のかけ声のあとに続けて「タタタン、タタタン、タタタン、タン」と手拍子を打つ。

「タタタン、タタタン、タタタン、タン」は「一本締め」で、これを三回繰り返すのが「三本締め」。誤解されているのが、『いよーっ』『タン』で、これは一本締めではなく、「一丁締め」というのが正解である。

さて、この「手締め」には、意外な意味があった。争いごとやもめごとで対立していた者が和解に至ったとき、武器を手に持っていないと示し合うために、手を開いて拍手したのが始まりだという。外国の「握手」と似ているが、喜びの裏には「怖い真実」があったわけだ。

14 なぜ北東を「鬼門」として封じたのか？

方位学で「鬼門」といえば、北東のこと。また、その正反対の方角である南西は「裏鬼門」と呼ばれる。家を建てる際に、鬼門とされる北東に玄関や便所、風呂を作るのは昔から忌避《きひ》された。

鬼門のルーツは、古代中国の東方海上にあった度朔山《どさくさん》に始まる。度朔山に桃の大樹があり、樹木の北東隅《すみ》の枝が絡《から》まり、門のようになっていた。夜な夜なこの門を通じて、山に棲《す》む鬼たちが人間界に出入りしたという。

伝説としての「鬼門」は以上のような話だが、実際には「北に控える騎馬民族に手を焼いていた」、あるいは「北から吹く季節風に悩まされた」など、漢民族が北東の方角を恐れた理由が挙げられよう。

日本へは平安期に鬼門の思想が流入してきたと思われるが、文献史料がない。有名なところでは、桓武《かんむ》天皇が平安京を造営した際、鬼門封じのため北東に延暦寺《えんりゃくじ》を建《こん》立《りゅう》したという話だが、実は後世の説である。「鬼門」の文字が史料上に見られるのは、鎌倉幕府正史の『吾妻鏡《あづまかがみ》』が最初で、五大堂を建立した地が鬼門にあたると記述されている。

鎌倉幕府開府からおよそ四百二十年後に天下を統一した徳川家康《とくがわいえやす》。家康の側近であった天台宗《てんだいしゅう》の僧天海《てんかい》は、江戸城の北東に寛永寺《かんえいじ》を創建した。いうまでもなく、天海は鬼門を封じることで、江戸の守りを固めたのだ。寛永寺の山号は東叡山《とうえいざん》、その名の通り、東の叡山である。創建時に鬼門封じの意図はなかったかもしれないが、比叡山《ひえいざん》延暦寺はいまに至るまで京洛《けいらく》の北東部に鎮座して彼《か》の地を守っている。また、江戸では寛永寺のほかにも北東方面の線上にある神田明神《かんだみょうじん》、北東の正反対の方位である南西部、つまり裏鬼門に赤坂《あかさか》の日枝神社《ひえじんじゃ》が置かれ、将軍のお膝元を霊的にバリアした。

都城を守る防衛システムとしての鬼門封じにはいくつかの方法があり、京都の寺社で目にすることができる。一つは「北東部を放置する」。東寺《とうじ》では北東エリアに重要な施設を建てずに駐車場として利用している。また、もう一つの封じ方として敷地や建物の北東の隅に角《かど》を作らないようにする、すなわち鬼門自体をなくすという方法がある。石清水八幡宮《いわしみずはちまんぐう》社殿は鬼門である北東隅の石積《いしづみ》が切られているのである。

第2章

年中行事に秘められた意味とは？

15　七草粥にうたわれる「唐土の鳥」とは？

正月七日の七草粥《ななくさがゆ》といえば、お節《せち》料理などのごちそうの食べ過ぎや飲み過ぎで疲れた胃腸を休ませる食べものと思われがちだ。たしかに健康面からみれば、あながち間違いではない。だが、七草粥にはそれ以上の意味があるのもまた事実である。

現在、七草粥を食べている七日は「人日《じんじつ》」という節句の一つだった。古来、中国では文字どおり人を大切にする日とし、この風習が中国から日本へ渡来し、広まったようだ。江戸時代初期には徳川《とくがわ》幕府によって「式日《しきじつ》」と定められ、公式行事となっている。

実は「人を大切にする」、ひいては「罪を許す」とした日はほかにもあり、現在よく知られているのは「中元《ちゅうげん》の日」である。七月十五日に神仏にお供え物をする、あるいは迷惑をかけた相手へ贈答品を届けて、許しを乞《こ》うたのである。この行事が「お中元」として私たちの生活に根づいている。

ちなみに「下元《かげん》の日」もあって、十月十五日がその日にあたる。現代の暦《こよみ》とは時期が少しずれているが、こちらは、お歳暮のルーツとみる向きもある。

さらに時代をさかのぼると、七草粥は天変地異や病気などの災厄《さいやく》から逃れようとした「おまじない」だったという説もある。夏の猛暑も冷夏も、大雨も台風も、地震も津波も、自然災害の多くが神の怒りや祟《たた》りと考え、ただ恐れるしかなかった時代には、新しい年の初めに、神仏に七草粥を奉納することで一年間の無病息災《むびょうそくさい》を願ったのである。

地域によっては、七草粥をつくりながら「七草なずな、唐土《とうど》の鳥が、日本の国に、渡らぬ先に、七草たたく、すとんとん、すとんとん」と唱える歌が伝わっている。「唐土」は現在の中国だが、当時の世界観からすれば、「唐土の鳥」とは、アジア大陸も含めて見知らぬところからやってくる不吉なものや、空から降ってくる災厄を表したものだろう。この歌は、鳥が渡って来ぬようにとの一種の呪文だったらしい。

ちなみに、現代の七草は「せり、なずな、ごぎょう、はこべら、ほとけのざ、すずな、すずしろ」だが、時代や地域によって、さまざまな野菜が盛り込まれた「七草」があったようだ。

16 「鬼は外」の鬼の正体とは？

千葉県成田市の成田山新勝寺《なりたさんしんしょうじ》では、「節分会《せつぶんえ》」が毎年の恒例になっている。ニュースの映像では、大相撲の力士たちや歌舞伎役者、俳優や歌手などの芸能人が登場し、大勢の人たちに豆をまく様子が流れる。

節分といえば、立春の前の日を思い浮かべるかもしれないが、実は立夏、立秋、立冬の前の日もすべて節分であり、四季のある日本では節分、つまり「季『節』の『分』かれ目」は一年に四回ある。

そのなかで「春」が、節分の代名詞のようになっているのは、やはり冬から春に向かって日ごとに暖かくなり、生命の息吹《いぶき》を感じられ、心もウキウキ、ワクワクする時期であることが多くの人々に歓迎されたためだろう。

豆まきでおなじみの台詞《せりふ》が「鬼は外、福は内」だ。文字どおり「福は内」は、家庭やお店などに福、つまりお金や幸せ、健康や繁栄を呼び込みたいという願いを表現したもの。一方の「鬼は外」だが、「鬼」の姿を実際に見た人はいない。

しかし、姿が見えないからこそ、人々は鬼を恐れたのかもしれない。多くの人が伏せったり死に至ったりするような疫病《えきびょう》や、草木を枯らしてしまう病気の流行、原因不明の農作物の不作、突如として襲ってくる嵐や地震のような「恐ろしいできごと」が科学的に解明されていなかった時代、すべて鬼の仕業《しわざ》と考えても不思議ではない。節分に豆をまくことで、そうした「鬼」を追い払おうとした……。

鬼の語源を「隠《おん》」とする説がある。隠れていて姿は見えない存在でありながら、災《わざわ》いをもたらすことを表した言葉だ。

豆をまくことについても諸説あり、たとえば、「魔《ま》を滅《めっ》する」ことから「まめ」をまくようになったというのもそのひとつ。炒《い》った豆を使うのは、生きている豆では「芽」が出てしまうため。つまり、悪い芽を摘《つ》んでおこうとして豆を炒っておくというわけだ。

「豆を炒る」に「魔目を射る」という漢字をあてはめる地域もある。「魔＝鬼」の「目を射る」ことで無力化させようという思いから生まれたものだろう。

17　節分の「ヒイラギいわし」は魔除けだった？

「イワシの頭も信心から」という言葉は、つまらないものでも信仰すると、ありがたいものに思えてくるというたとえである。とはいえ、信心深くなくても、節分といえば焼いたイワシの頭とヒイラギの小枝を思い浮かべる人もいるだろう。

焼いたイワシの頭は、強烈な臭いを放ち、その臭いが鬼や邪気、悪霊などを追い払うと信じられている。つまり魔除けとされているのだ。

焼いたときに、やはり強い臭いを放つニラやニンニク、ネギ、煮干しなどを魔除け、厄除《やくよ》けとして利用する地方もある。

ニンニクといえば、ヨーロッパの一部では吸血鬼から身を護《まも》るために、十字架を飾り、ニンニクを吊《つ》るす風習が広く知られている。洋の東西を問わず、悪霊は強い臭いを嫌うらしい。

イワシの頭を焼いて門口《かどぐち》に飾る習慣は、平安時代にすでに行われていたとされ、紀《きの》貫之《つらゆき》の『土佐日記』に登場する。

ヒイラギは古来、邪気を払うと信じられてきた植物で、日本家屋では庭木として、あるいは生垣《いけがき》として利用されてきた。ギザギザの葉が特徴的で、その鋭くとがっている様子から、目を刺されることを警戒して鬼が近づかないと言い伝えられてきた。ヒイラギの小枝を飾る風習が生まれたゆえんである。

ヒイラギの漢字は「柊」、つまり「木へんに冬」と書く。その文字のとおり花が咲くのは十一月から十二月。多くの植物がひっそりと身をひそめているような時期に花を咲かせることから、昔の人々はヒイラギに神秘性や謎めいた生命力を感じていたのかもしれない。

となれば、不思議な力をもつヒイラギが、鬼や邪気、悪霊などを追い払ってくれると信じ、その力を借りようとしたのもうなずけるだろう。

18 雛祭りの三人官女、五人囃子は、なぜ奇数？

「桃の節句」とも呼ばれる雛祭《ひなまつ》りは、女の子の健《すこ》やかな成長と将来の幸せを祈ってのお祝い。現在のカレンダーでは「三月三日」は祝日ではないが、江戸時代には祝日とされた五節句のひとつ、「上巳《じようし》」の節句である。

ちなみに五節句とは、正月七日の「人日《じんじつ》」、三月三日の「上巳」、五月五日の「端午《たんご》」、七月七日の「七夕《しちせき》」、そして、九月九日の「重陽《ちようよう》」。

諸説ある雛祭りのルーツのなかでも、平安時代の「人形流《ひとがたなが》し」が有力とされているようだ。

まず紙やわらで、人の姿に似せた文字どおりの「人形」をつくる。そして、人形に触れたり、息を吹きかけたりすることで、心身の穢《けが》れを人形に移す。さらに、その人形を川や海に流すことで、人が清められるとする。いわば「儀式」で、当時の人々は、人形流しによって病気や災いから身を守ろうとしたのである。

その後、時代が下るにつれ、女の子たちが楽しむ、人形遊びやままごと遊びなどと「人形流し」とが混然《こんぜん》一体となり、雛人形を飾る雛祭りへと変化したわけだ。

さて、雛人形の主役は、お内裏《だいり》様とお雛様だが、雛壇《だん》という言葉があるとおり、雛人形には、三人官女や五人囃子《ばやし》、七人雅楽《ががく》といった脇役もいる。

一般的に、雛壇でお内裏様とお雛様の次の段に並ぶのが三人官女。官女とは宮廷で君主やお后《きさき》様の側に仕えていた女性たちで、現代でいえばトップクラスの女性官僚といったところだろう。三段目には五人囃子が勢ぞろいする。左から、太鼓《たいこ》、大皮鼓《おおかわつづみ》、小鼓《こつづみ》、笛と並び、扇《おうぎ》を持つ謡《うた》い手が右端の順が一般的。雛人形には、さらに琴《こと》と琵琶《びわ》をプラスする七人雅楽と呼ばれる一団として勢ぞろいすることもある。

さて、ここまでの話で、登場する数字が「三、五、七」とすべて奇数だったことにお気づきだろうか。もちろん偶然ではなく、中国から伝わった陰陽道《おんみょうどう》の考え方によるものだ。陰陽道では奇数を「陽」の数ととらえ、縁起のよいものと考えた。一方の偶数は「陰」の数である。

つまり、三人官女、五人囃子、七人雅楽といった数字の並びは、順に並ぶ数字のうち、縁起がいいとされる「陽」の数字をピックアップしていたのである。

ちなみに「雛祭りが過ぎたのに、いつまでも雛人形を飾っておくと、結婚が遅くなる」などといわれるが、これは「片づけないと、その家の娘が嫁《とつ》がない＝かたづかない」という言葉遊びである。

ただし、もともとの「人形流し」からすれば、「厄や穢れを移した雛人形をいつまでも身近に置かず、早く片づけて遠ざけたほうがいい」という厄払い説もあるようだ。

さらに、「大切な飾り物をきちんと片づけたり、しまったりできないようでは、いいお嫁さんになれませんよ」という、しつけに由来するともいう。

19　お彼岸は「怨霊鎮め」のために始まった？

日本で昼と夜の長さがほぼ同じとされるのが、「春分の日」と「秋分の日」。それぞれの日を「中日《ちゅうにち》」とした一週間は、「春の彼岸」「秋の彼岸」と呼ばれ、お墓参りをする人も多い。彼岸は、仏教で「あの世」と「この世」を結ぶ瞬間とされている。ふだんは閉ざされているふたつの世界が、昼の時間と夜の時間がほぼ同じになるときだけは通れると信じられているためだ。「彼岸」という言葉は、三途《さんず》の川を渡った「彼方《かなた》の岸」に由来するといわれている。

実は仏教の生まれたインドにも、日本に伝来する途中で通過してきたはずの中国にも、「彼岸にお墓参り」という風習はない。日本独特のものだ。では、なぜ日本では「お彼岸にお墓参り」をするのか。それについてはふたつの説が有力である。

ひとつは日本が「農耕民族だったから」。春分の日を過ぎたあたりから、稲作をはじめとする多くの農作業は始まる。豊作を祈願するにあたり、ご先祖様のお力を借りたいと考えてお墓参りをしたというもの。一方、秋分の日のお墓参りは、収穫を終えたあと、感謝の気持ちを込めてお墓参りをしたというわけである。

もうひとつは「怨霊を鎮《しず》めるため」。

桓武《かんむ》天皇は平城京《へいじょうきょう》から長岡京《ながおかきょう》への遷都《せんと》を断行するが、工事を担当していた藤原種継《ふじわらのたねつぐ》が造宮の視察中に暗殺された。天皇の弟である早良《さわら》親王は、種継と不和だったことから、暗殺の疑いをかけられ、幽閉先となる淡路島に向かう途中、無実を訴えながら絶食し、自らの命を絶った。

実際は、桓武天皇が自分の子に皇位を継がせるために仕組んだ暗殺劇であり、早良親王は兄にはめられたのである。

その後、桓武天皇の生母や皇后が亡くなり、皇太子に据《す》えた自分の息子も重い病気にかかったうえ、飢饉《ききん》と天然痘《てんねんとう》が流行し、多くの死者が出ることになった。

占うと早良親王の祟《たた》りと出たこともあり、桓武天皇をはじめ朝廷は恐れおののき、延暦《えんりやく》二十五年（八〇六）三月、親王の怨霊を鎮めようと祈禱《きとう》を行った。『日本後記《にほんこうき》』には、「毎年春分と秋分を中心とした前後七日間、早良親王のために経をあげた」とあり、これが日本の歴史に初めて登場する「お彼岸」といわれている。

20　端午の節句は若い女性のための儀式だった？

五月五日の「こどもの日」は、「端午の節句」とも呼ばれ、鯉のぼりや五月人形を飾り、男の子の健やかな成長を願う日として広く知られている。

だが、そのルーツは意外にも、女の子が身を清めるための儀式だったという。

五月の上旬といえば田植えの時期で、それはまた、山から里に神様が降りてくるときとも考えられていた。それに合わせ、若い女性たちが豊作祈願のために神社などにこもり、身を清める「五月忌《さつきい》み」と呼ばれる儀式があった。ちなみに、その女性たちは「早乙女《さおとめ》」と呼ばれていた。「早乙女」を辞書で調べると「田植えをする若い女」となっている。

五月忌みで身を清めるために使われたのが、菖蒲《しょうぶ》である。薬草でもあった菖蒲は、医学の発達していない時代には、その強い香りで邪気を払う効能のある植物として重宝《ちょうほう》されていたのだろう。今でも、端午の節句に合わせて菖蒲湯につかる習慣がある。

その後、男の子のための端午の節句となったのは、武士の台頭によるところが大きい。菖蒲は勝つことを重んじる「勝負」、あるいは武芸を磨く「尚武《しようぶ》」につながり、強くてたくましい男の子に育ってほしいという思いが武家に広がり、さらにはわが子の成長を望む庶民たちにも支持され、世に広まったと考えられる。

こどもの日に欠かせない鯉のぼりは、もちろん「滝をのぼった鯉は龍になる」という中国の登竜門《とうりゆうもん》の伝説に由来する。鯉のぼりが飾られる以前は、軍旗が幟《のぼり》として飾られていたというが、江戸時代以降、現在のような鯉の形をしたものが考え出され、流行していったと伝えられる。

21 「粽」は川に身を投げた詩人への供え物？

バラエティ豊かなお菓子を、好きなときに好きなだけ食べられるいまどきの子どもたちにすれば、粽《ちまき》は「ごちそう」ではないかもしれない。だが江戸時代、餅《もち》を笹《ささ》の葉でくるんだ粽は、子どもたちだけでなく、大人にとっても楽しみだった。

粽のルーツはおよそ二千三百年前の中国・春秋戦国《しゅんじゅうせんごく》時代にまでさかのぼる。詩人として、また、政治家としても活躍した屈原《くつげん》という人物がいた。

あるとき、屈原は、自分が仕《つか》える王が敵国の謀略に踊らされそうになっていることに気づいた。謀略に乗れば国が危機に陥《おちい》ると王を諫《いさ》めるが、聞き入れられない。国家の行く末を悲観した屈原は川に身を投げた。それが五月五日のことだ。屈原の姉は、川に餅を投げ込み、彼を悼《いた》んだという。一説に、屈原を慕《した》う人々が餅をまき、魚に屈原の体を食べさせないようにしたという話もあるようだ。

その後、時代が下り、「漢」の時代を迎えた頃、「屈原の幽霊が現れる」という噂《うわさ》でもちきりになる。人々は供養《くよう》のために川に餅を投げ入れるが、今度は「餅を投げても、蛟龍《こうりゆう》（伝説上の生き物）に食べられてしまい、屈原のもとまで届かない」という話が広まった。そこで、知恵者が考え出したのが、葦《あし》の葉（「笹の葉」という説も）に餅をくるむというもの。五色の糸を魔除けとして巻き、蛟龍に食べられないようにして川に投げ入れたという。

その粽が日本に伝わったのは十世紀の前半とされている。最初は祝いの席の食べ物ではなく、もち米を植物の葉で包み、灰汁《あく》で煮込んだ保存食だったらしい。

だが、日本人は昔から改良する知恵があり、餅を三角形にして、イネ科の雑草のチガヤで巻いた。これが「ちまき」という名の由来にもなっている。

西日本では主に粽として普及したが、東日本では、江戸時代に柏《かしわ》の葉で巻いた柏餅として広まった。「柏の葉は、枯れても落ちずに新しい芽を出すから、子孫繁栄の象徴とされた」ともいわれる。

22 「夏越の祓」は半年間の罪や穢れを祓う儀式？

大晦日《おおみそか》ともなれば、年末の慌《あわ》ただしさからも解放され、「いよいよ新年を迎えるなぁ」と、おだやかな気持ちになる人も多いだろう。

その大晦日に「大祓《おおはらえ》」という行事が行われる。いわば「禊《みそぎ》」である。だが実は、一年間に積もり積もった罪や穢れを祓うものではなく、半年間の罪や穢れを祓う行事である。

なぜ「半年」なのかといえば、半年前、つまり、六月の末日（晦日）にも「祓」が行われるからで、これが「夏越《なごし》の祓《はらえ》」だ。

夏越の祓は、二つの行事が主たるものになっている。

ひとつは「茅輪《ちのわ》くぐり」と呼ばれる儀式。神社の鳥居の下に飾りつけられた、チガヤというイネ科の植物を束ねた大きな「茅輪」を通り抜ける。それによって、半年間の罪や穢れを祓うことができると信じられている。

その茅輪から抜き取ったチガヤを使って、小さな輪をつくって持ち帰れば、夏を健康に過ごせるともいわれる。

気をつけたいのは、観光などで地元の人以外がその行事に参加するときだ。伝統的な神事だけあって、茅輪をくぐる回数や順序などが定められているケースも多い。わからなければ地元の人に尋ねて、作法を教えてもらうのがよい。

もうひとつは「人形《ひとがた》で穢れを祓う」というもの。和紙を人の形に切り抜き、自分の氏名と生年月日を記したあとで、息を吹きかける。これによって、人形に自分の罪や穢れが移ると考えられている。夏越の祓が行われている神社に、その人形を納め、清めていただくことで、半年間の罪や穢れが祓えるというわけだ。

「夏越の祓」を伝統行事として残している神社は多いが、「大祓」のほうは案外、忘れられかけているかもしれない。

ちなみに、「夏越の祓」に〝水無月《みなづき》〟を食べると、邪気を祓い、夏バテもしないと伝えられている。〝水無月〟というのは、旧暦の六月の異称ではなく、伝統的な和菓子を指す。

そのルーツは室町時代にまでさかのぼる。宮中の行事のひとつとして、旧暦六月一日に「氷の節句」が行われていた。氷室《ひむろ》から氷を切り出し、暑気払いとして食べたという。当時、氷が大変な貴重品だったことはいうまでもない。

その後、氷を口にすることのできない庶民のために、貴族が口にする氷をかたどって生まれたのが〝水無月〟で、三角形に切った白い外郎《ういろう》の上に、甘く煮た悪魔払いの赤い小豆《あずき》を載せた菓子だった。

京都では夏越の祓が行われる六月三十日に、これから迎える夏を乗り越え、秋も健康に過ごし、大晦日までの残り半年を無病息災で過ごすことを祈って食べる風習が現在もある。

また、小豆が載せられていることにも深い意味がある。赤は魔除けの色と信じられていたからだ。

23 貴船神社の七夕のそうめんは鬼のはらわた？

京都の貴船《きふね》神社といえば、縁結び、あるいは復縁のご利益《りやく》があるといわれ、絶大な人気を誇り、とりわけ多くの女性から信じられている。それというのも、室町時代の『御伽草子《おとぎぞうし》』にある「貴船の物語」が支持されているからだろう。

都の中将と恋に落ちたのが、あろうことか鬼の国の王の姫。鬼の王に責められた姫は、中将を守って命を捨てる。やがて姫は生まれ変わり、中将とめぐり会う。節分の夜に襲ってきた鬼を撃退してハッピーエンド。やがて姫は貴船の大明神となった。

その貴船神社の七夕《たなばた》神事が「星祭」と「笹の祓」である。

星祭はいわばお盆の行事で、先祖の霊が乗り移ると信じられた笹を立て、そうめんなどをお供えした。七夕の時期だったことから笹を織姫《おりひめ》になぞらえ、織り糸に見立てたのがそうめんだったとされ、貴族から一般民衆にまで流行したと伝えられる。

笹の祓は笹を川や海に流すもので、「七夕流し」とも呼ばれ、七夕の翌日に行われる。

過去のことを云々《うんぬん》せず、すべてをなかったことにする慣用句として「水に流す」という言葉がある。水は日本人にとって、汚《けが》れや失態、ときには悪事までもきれいに洗い流し、清めてくれるありがたい存在だったわけだ。

その水を司《つかさど》る高龗神《たかおかみのかみ》が祀られているのが貴船神社の本宮。貴船神社が縁結びだけでなく、復縁にもご利益があるのは、神様の力を借りて、過去を水に流すことができると信じられているためかもしれない。

ところで「貴船の物語」には、「そうめんを食うのは鬼の『はらわた』としてこれを食う」という一節がある。少々奇怪な話だが、その源流は中国にあった。古代の中国で帝の子どもが七月七日に亡くなると、その後に一本足の鬼となって熱病を流行《はや》らせたため、困った人々は子どもの好物だった索餅《さくべい》（そうめんの原型とされる）を供えて鎮《しず》めたことに由来するという。

ちなみに「貴船」の文字には古くから「氣生根」という漢字があてられている。万物のエネルギーが生まれる源という意味をもち、昨今は「パワースポット」としても注目され、多くの参拝者を集めている。

24 「虫送り」は老武将の怨霊を鎮めるためだった？

世の中には、不思議な祭が存在する。よその土地の人から見れば「奇祭」かもしれないが、しかし地元の人たちにとっては恒例の、かつ大切な伝統行事である。天変地異はもとより、疫病の流行や農作物の不作まで、悪霊の祟りと畏《おそ》れられていた時代。農作物につく害虫を追い払うために、農村で行われていたのが虫送りと呼ばれる行事だ。

春から夏、つまりこれから農繁期を迎えようという時期の夜、松明《たいまつ》を焚《た》き、悪霊を追い払うとともに、その年の豊作を祈る。地域によっては、悪霊に見立てたわら人形を持ち、行列を組んで鉦《かね》や太鼓を叩きながら歩き、つかまえた害虫とともに川や海に流すことで「追い払う」というところもあった。

農作物に祟る悪霊の正体は武将だったとする説もあり、虫送りの際に「サイトウベットトウ」と掛け声をかけるところもある。「サイトウベットウ」とは『平家物語』や『源平盛衰記《じようすいき》』にその名を残す、平安時代末期の平家の武将・斎藤別当実盛《さいとうべっとうさねもり》のことだ。

実盛の最期は壮絶である。年老いた身でありながら、平氏の一員として篠原《しのはら》の合戦に出陣するが、老齢の身であること隠すために白髪を黒く染めていたという。

実盛は奮闘むなしく、木曾義仲《きそよしなか》軍によって討ち取られたのだが、首実検《じっけん》をしたところ、実盛の首なのかわからない。「髪を染めていた」という情報を得た義仲が、池で洗わせると白髪が現れ、かつての恩人・斎藤別当実盛だったとわかるのである。

その実盛の怨念が、稲を食い荒らす害虫の稲虫になったという話があるのだ。

乗馬が田んぼの稲株につまずいて倒れたため、実盛は源氏方の兵に討たれたと伝えられていて、その恨みが稲虫となり、死後、稲を食い荒らすようになったというわけである。

西日本では稲虫、なかでもウンカを「実盛虫」と呼ぶ。そして、虫送りは実盛の霊を鎮めるために行われていたという。

「虫送り」を地域によっては「実盛送り」あるいは「実盛祭」と呼ぶところもある。また「実盛さん」と親しみを込めて呼ぶこともあるそうだ。

25　隅田川の花火は大飢饉と疫病の死者を弔うため？

東京の夏の風物詩のひとつに隅田川花火大会がある。毎年七月の最終土曜日に開かれ、二万発もの花火が打ち上げられる大規模なイベントとなっている。

毎年百万人もの人出でにぎわう花火大会も、その始まりは実は死者の霊を弔《とむら》うためのものだったのだ。

話は徳川《とくがわ》八代将軍吉宗《よしむね》の時代にまでさかのぼる。

享保《きょうほう》十七年（一七三二）、九州、四国、中国地方と西日本の広い地域が凶作となった。梅雨の時期から続く長雨と冷夏に見舞われたこの年、害虫の大量発生もあって稲作は甚大な被害を受けた。

記録によれば、西日本の四十六藩に被害が及び、石高《こくだか》にすると、四十六藩で二百三十六万石になるはずが、この年の収穫はわずか六十三万石ほど。つまり、三割にも満たない収穫であった。

その結果、餓死者が一万数千人にものぼったという。

「餓死者の数を各藩があえて幕府に少なく報告した」という説を唱える研究者もいて、実際の餓死者の数は、それを上回るものだったらしい。たとえば幕府の正史『徳川実紀《じっき》』には、餓死者九十六万余人と記されている。また、二百五十万人以上の人々が飢餓に苦しんだとも伝えられている。

こうした惨状に追い打ちをかけるかのように、蔓延《まんえん》したのがコレラ。もちろん、コレラ菌など知るはずもない当時の人々は、多くの死者を出す疫病に恐れおののいたことだろう。

事態を重く受け止めた吉宗は、死者の霊を弔うために「川施餓鬼《かわせがき》」を行う。そして、翌年の享保十八年（一七三三）五月二十八日の両国《りょうごく》川開きには、川施餓鬼とあわせて慰霊と悪病退散を祈願する目的で、水神祭を実施。その際に六代目鍵屋弥兵衛《かぎややへえ》が花火を打ち上げたのが、隅田川花火大会のルーツというわけだ。

26 「お盆」の起源は餓鬼道に落ちたある母親？

特に信心深くはなくても、日本人の多くは故人の命日に墓参りをし、「お盆」には、ふだん遠く離れて暮らしている人も帰省して、一家そろって、あるいは親戚が集まって先祖の供養をする。

先祖の霊が、「あの世」から「この世」に帰ってくると信じられているのが「お盆」だからだ。このとき、「ご先祖様が迷わずに家に帰って来られるように」と焚《た》くのが迎え火で、庭先や玄関先で焚くのが習わしである。

仏教の儀式としては、七月十五日前後の数日間だが、旧暦では八月になるため、多くの地域で八月の半ばに行われ、多くの企業においてもまた、その時期にお盆休みを設定しているところが少なくない。

お盆の起源については、不思議な話がある。

お釈迦《しゃか》様の弟子のひとりに目連《もくれん》という僧がいた。あるとき彼は、亡くなった母親が餓鬼道《がきどう》地獄に落ち、逆さ吊りにされ、飢えに苦しんでいる姿を察知する。母親のために、せめて食事を差し入れようと、お経を唱えて供えようとするが、母親の手元にまでは届かない。

目連がお釈迦様に相談すると、「七月十五日に、僧侶たちにお布施《ふせ》をし、食事を差し出せば、その一部が母親の手元に届き、母親が食事を口にすることもできるだろう」と知恵を授かった。

その日を迎えた目連がお釈迦様の言葉どおりにすると、母親は食事を口にできただけでなく、地獄から救われたという。

「お盆」を正しくは「盂蘭盆会《うらぼんえ》」という。仏教とかかわりの深い古代インドのサンスクリット語の「ウランバナ」が語源とされ、「餓鬼道地獄に落ち、逆さ吊りにされ、苦しむこと」という意味であるとされる。

お盆の締めくくりは送り盆。「送り火」を焚き、先祖の霊を「あの世」へと帰す。地域によっては、灯籠《とうろう》流しをするところもある。

27 なぜ六道珍皇寺に「六道まいり」をするのか？

京都の夏の風物詩「五山の送り火」。いわゆる、大文字焼きのことである。お盆で里帰りした先祖の霊を送り帰す行事として有名だが、一方、先祖を迎える行事も各地方で盛んに行われている。京都では、「六道《ろくどう》まいり」の名でよく知られている。

先祖の霊を迎えるお盆行事として、八月七日〜十日（元来は旧暦七月九日、十日）に東山区の六道珍皇寺《ちんのうじ》で開催されるものだ。

この寺は「六道さん」の名で京都の人に親しまれているが、参詣者はまず、寺へと続く参道の露店で「高野槇《こうやまき》」を買い求める。冥土《めいど》より里帰りする霊は、高野槇の葉に乗って戻ってくるといわれるからである。

次に本堂で薄い木の板で作られている水塔婆《みずとうば》に戒名《かいみよう》を書いてもらい、霊を迎えるために鐘《かね》を撞《つ》いた。「迎え鐘」は霊が迷わずに帰ってこられるよう、二度撞くのが慣例である。

荘厳に響く鐘の音《ね》は、唐（中国）はもちろん冥土にまで届いたという。鎌倉初期の説話集『古事談《こじだん》』に載るほど有名な話だ。

その後、参詣者は高野槇で水をかけて浄《きよ》めた水塔婆を寺に納め、霊が宿った高野槇は自宅に持ち帰り、お盆の期間中、仏壇に供えた。

さて、六道珍皇寺のあたりには、「あの世とこの世の分かれ道である六道の辻」があると伝えられている。六道とは、仏教でいう地獄道、餓鬼道、畜生《ちくしょう》道、修羅《しゅら》道、人間道、天道の六つの世界であり、死んだ人々の行く先、あの世である。「六道の辻」は、あの世への入り口というわけだ。

この地をしばしば訪れた人物がいる。平安時代初期に活躍した小野篁《おののたかむら》である。漢詩や和歌に秀でた学者であり、官僚でもあった篁には、超人的な逸話が実に多い。『今昔《こんじゃく》物語集』などには「昼間は官僚、夜は閻魔庁《えんまちょう》の役人を務めていた」という嘘《うそ》のような話が載っている。夜になると、六道珍皇寺の「冥土通いの井戸」を通って閻魔庁へと出仕していたという。

28　十二月十二日の「逆さ札」の意味とは？

「十二月十二日」と記したお札《ふだ》を逆さに玄関などに貼る……奇妙な習慣だが、実際に京都を中心に、主に関西地方で伝えられているもので、「泥棒除け」になるという。

なぜ、「十二月十二日」なのか。実は、その日が石川五右衛門《いしかわごえもん》の命日とされているためで、「天下の大泥棒の命日くらい、泥棒稼業を休んで、おとなしくしていなさい」というメッセージらしい。ただし異説もあり、「命日は十二月十三日」や「誕生日が十二月十二日」という説もある。

五右衛門は、安土桃山時代に活躍した大盗賊。京都三条河原で、一族とともに釜煎《かまい》りの刑（油で煮る）に処せられた。「石川や　浜の真砂《まさご》は尽くるとも　世に盗人《ぬすびと》の種は尽きまじ」という辞世の句を詠《よ》んだと伝えられている。

古い浄瑠璃《じょうるり》の本では、遠州浜松《えんしゅうはままつ》の真田八郎《さなだはちろう》という侍だったが、お家騒動のために追放されて、石川五右衛門と名を改めて京に上ったとされる。また、江戸時代の本で、伊賀上野の出身とする説もある。忍者の弟子だったが、不義密通を働き、京都に追放されて石川五右衛門となったとか。さらに、丹後《たんご》の伊久知《いくち》城という山城に住んでいた石川家の出で、伊久知城が落城した後に京都に出て、石川五右衛門になったという話もある。

悪党でありながら、庶民からは人気があったようで、古くは歌舞伎や浄瑠璃の演題として取り上げられ、落語のモチーフとしても登場している。

現代でも、小説や映画・ドラマの主人公として、あるいは、歴史小説や時代劇のドラマで、豊臣秀吉《とよとみひでよし》らが登場する安土桃山時代が舞台となれば、五右衛門は欠かすことのできない一人だろう。

さて、十二月十二日の「逆さ札」は、時代が下るとともに世に広まったようで、現代では隣県の奈良や西日本の各地でも「泥棒除け」とされている。なかには、「十二月十二日生まれの人に書いてもらうと効き目がある」という説まである。なお、札を逆さに貼るのは、天井《てんじょう》から入る泥棒が読みやすいようにということだそうだ。

29 冬至カボチャの黄色は魔除けだった?

年によっても異なるが、十二月二十二日前後に迎えるのが冬至《とうじ》。日本だけでなく、北半球で最も日が短くなる日だ。コンピュータどころか計算機もない時代に、この日を割り出していた昔の人の知恵には驚かされる。

日本には「冬至の日は柚子湯《ゆずゆ》につかり、カボチャを食べる」という風習がある。日に日に寒さが厳しくなる時期に、風呂にゆっくりとつかり、身体を温めるのは現代でも通じる健康の秘訣《ひけつ》であろう。

また、カボチャはタンパク質、炭水化物を含むだけでなく、ビタミンA、ビタミンC、ビタミンEなどのビタミン類や、ミネラル、カロテン、食物繊維といった成分も豊富な緑黄色野菜の代表格である。野菜が不足する冬にカボチャを食べるのが健康によいことは栄養学的にも正しいのだ。もちろん、これもまた昔の人たちの「暮らしの知恵」だったろう。

だが、それだけではない。ご存じのとおり、カボチャは日本生まれではなく、原産地はアメリカ大陸。それがヨーロッパ、アジアを経て日本に伝えられたものなので、漢字では「南瓜」と書く。

「カボチャ」という言葉はポルトガル語に由来するといわれ、東南アジアの「カンボジア」からポルトガル人が持ち込んだというのが通説である。

日本にカボチャが伝えられるまでの間に、当然、中国も通ってきたはずだが、その中国では「黄色は魔除けの色」とされている。また、黄色は「太陽の色」でもあり、中国の陰陽説でいえば「陽」、つまり、おめでたいものというわけだ。こうした考え方は日本にも伝わっており、茹《ゆ》でても煮ても、あるいは焼いても黄色のカボチャは邪気を払うものと考えられたのだろう。

ここで、柚子湯の話に戻る。柚子もまた、目に鮮やかな黄色の果実で、よい香りがする。端午の節句に香りの強い菖蒲湯に入る習慣については、すでにご紹介したとおりだが、柚子にも黄色と香りで邪気を追い払う力があると信じられたのである。

30 ナマハゲは「神」か？「鬼」か？

大晦日の夜、爺《じじ》ナマハゲと呼ばれる赤鬼と、婆《ばば》ナマハゲと呼ばれる青鬼とが家々を回って、「悪い子は、いねがー」と叫び、その恐ろしい姿を見た幼い子どもたちは泣きわめく。「ナマハゲ」は、秋田県男鹿《おが》半島に伝わる有名な年中行事で、国の重要無形民俗文化財とされており、ご存じの方も多いだろう。

ナマハゲはもともと「鬼」ではなく、「神」だったといわれる。

日本では一年に一度だけ、神が人々の前に姿を見せると信じられており、ナマハゲは、旧暦のお正月に現れる来訪神とされていたのだ。

ところが時代が下り、新暦になると大晦日に現れるようになり、また、いつしか神から鬼に化身した。

一方で、やはりナマハゲは鬼とする説も存在する。

ときは紀元前二世紀にまでさかのぼる。当時、中国を治めていた漢の武帝が、五人の鬼を引き連れて日本にやってきた。到着したのが男鹿半島で、武帝は山に住み、鬼たちは従順に仕えていたという。

鬼たちの働きに満足した武帝が、鬼たちに「一年に一度、一月十五日だけは、好きなように過ごしていい」と言ったところ、ふもとの村に下るや、あらん限りの悪行三昧《ざんまい》。それを恐れた村人たちは毎年、その日になると家に閉じこもったのがナマハゲのルーツであるらしい。

ナマハゲという名の由来もまた、恐ろしい。

囲炉裏《いろり》にあたってばかりいると、手の皮膚は低温火傷《やけど》となる。これは「ナモミ」や「アマ」と呼ばれた。そうなるほど囲炉裏にあたっているのは「仕事をしないで怠《なま》けている証拠」と考えられ、その怠け者を戒《いまし》めるために、皮膚の表面を剝《は》いでしまうのが鬼たちの仕業《しわざ》で、「ナモミ剝ぎ」あるいは「アマ剝ぎ」が「ナマハゲ」になったとされる。

「ナマハゲといえば秋田」と思いがちだが、実は石川県の能登地方に「アマメハギ」という行事があるなど、ナマハゲに似た風習は日本各地にあるようだ。

31 除夜の鐘の「煩悩」の数はなぜ一〇八？

一年を振り返り、新しい年を迎える大晦日の夜に聞こえてくるのが、おなじみの「除夜《じょや》の鐘《かね》」。その音は日本人の心の底に鳴り響く。鐘を撞《つ》く数は一〇八。それが「煩《ぼん》悩《のう》の数」ということは広く知られているが、煩悩の正体とは何だろう。

人の心は何かに対し、大きく分けて「好き」「嫌い」「どちらでもない」という三種類の感情をもつ。

次に、人が「何か」を認識するうえで「眼、耳、鼻、舌、身、意」という六つの感覚が働く。

最初の五つは、人の身体の「五感」で、眼＝視覚、耳＝聴覚、鼻＝嗅覚、舌＝味覚、身＝触覚である。六つめの「意」は、それ以外の感覚で「第六感」ということになるだろう。

三種類の感情と六つの感覚を組み合わせると「三×六＝十八」である。仏教では、それぞれの煩悩には「染《ぜん》（汚れたもの）」と「浄《じょう》（清らかなもの）」の二つがあると考えるため、十八の二倍で、煩悩の数はここまでで三十六となる。

さらに、人には「過去・現在・未来」があることから、三十六の三倍となり、一〇八という数になった。

除夜の鐘が一〇八回撞かれるのは、煩悩の一つひとつを祓《はら》うためだ。ただし、煩悩の数え方については、宗派や思想によって異なり、同じ「一〇八」としても、微妙な違いがあるという。

また、すべての除夜の鐘が「一〇八」とは限らず、やはり宗派や思想によって違う場合があり、「九十」とするところもあるそうだ。

ちなみに、仏具のひとつである数珠《じゅず》の「珠《たま》」の数も、一〇八が基本とされている。

余談だが、長寿の祝いで「一〇八歳」を「茶寿《ちゃじゅ》」という。これは「茶」という漢字の草かんむりを「十」と「十」に分けることで「二十」とし、つくりの部分を「八十八」と読み、合計で「一〇八」になるという漢字の遊びなのである。

第3章

童謡・昔話には哀話が隠されていた?

32 『かごめかごめ』は悲劇を歌っていた？

千葉県野田市清水公園前に『かごめかごめ』の歌の記念碑がある。歌詞が刻まれた碑の上に、しゃがんで目隠しをした子どもの像が載っている。実はその像と通りを挟んだ位置にもうひとつ子どもの像があり、こちらはまるで、「わーい」と言いながら手を上げているような像だ。しゃがんでいるのが鬼役の子で、手を上げているのは鬼役を逃れた子といったところか。

この地に記念碑が建てられている理由は、大正時代から昭和初期にかけて活躍した作曲家で、野田尋常高等小学校の教員でもあった山中直治《やまなかなおじ》の出身地だから。山中は日本各地のわらべうたを採譜《さいふ》し、全国に広めた人物として知られる。『かごめかごめ』もそのうちの一曲で、もとは東北地方に伝わる『地蔵まわし』という、子どもの遊び歌だったと伝えられている。

輪の中心に鬼役の子がしゃがんで目隠しをし、まわりを取り囲んだ子どもたちが

「か〜ごめ、かごめ」と歌いながら移動し、歌い終わったところで、「うしろの正面、だ〜れ」と動きを止める。鬼役の子は「だれだれちゃん」と、うしろにいる子を当てる他愛《たわい》ない遊びだ。

そもそも「かごめかごめ」とは何か、という疑問が浮かぶかもしれない。実はさまざまな説が唱えられている。たとえば竹で編まれた籠《かご》の編み目である「籠目」、あるいは処刑場を囲む竹垣を指しているなど。

しかし、シンプルに子どもたちが集まって、鬼役の子を「囲め、囲め」とはやしていた様子のようにも思える。東北弁の特徴のひとつとして、たとえば「おとうさん」の「おとう」が「おどう」になるように、濁音が入るケースが少なくない。つまり、「かこめ」が「かごめ」となったと推測できるのだ。

また、「ただの言葉遊びの歌」という説もある。「よあけ」と「ばん」、「つる」と「かめ」、「うしろ」と「しょうめん」は、いずれも対義語になっている。子どもが言葉を覚えるための遊び歌のひとつとして、『かごめかごめ』が生まれたという説である。

とはいえ、その歌詞をよくよく読み解くと、およそ子どもの遊びらしからぬ内容も感じられないだろうか。

「かごめかごめ」とは囲まれた空間を意味し、それは出産の現場と解釈する説がある。「かごのなかのとり」は赤ん坊で、「いついつでやる」は、周囲が気をもむ状況を表したもの。「よあけのばんに」は、夜明けなのか晩なのかはわからないが、昼間でないことは確かだ。

「つるとかめがすべった」は、生まれたはずの赤ん坊をしっかり受け止められず、つるりと手をすべらせて、甕《かめ》（産湯《うぶゆ》をたとえたものだろう）に落ち、絶命したという悲しい出来事を歌ったというのだ。

あるいは、望まない妊娠をしたために、生まれ落ちたと同時に殺されてしまった赤ん坊と見る向きもある。かつての日本では、飢饉《ききん》になると「間引《まび》き」と称し、生まれてきた子を泣く泣く絶命させざるを得なかった悲惨な歴史がある。「かごめかごめ」はそうした悲劇が伝わったものかもしれない。

また、「かごめ」は、「屈《かが》め」が転化したのではないかという説もある。

33 『赤い靴』の女の子は異国に行けなかった？

野口雨情《のぐちうじょう》作詞、本居長世《もとおりながよ》作曲の『赤い靴』という童謡を、ご存じだろう。赤い靴をはいた女の子が、異人さん、つまり外国人に連れられて外国に行ってしまったと歌われる、もの哀しいメロディの歌だ。

歌詞の続きには「横浜の埠頭《はとば》から汽船《ふね》に乗って」とある。横浜港に近い山下公園には「赤い靴はいてた女の子像」があり、横浜駅中央自由通路には、像のミニチュアが置かれている。

『赤い靴』の歌詞のモデルやモチーフについては、さまざまな説があるが、作られてからすでに百年もの時間が経つため、真実の解明が困難なのも無理からぬことだろう。

定説とされているのは、「赤い靴」の女の子が実は異国に渡ってはいないというものだ。モデルとされる少女は、静岡県出身の「岩崎かよ」という女性の娘である「佐野きみ」。未婚の母として、きみを産んだかよは、その後、北海道に渡り結婚するが、きみの養育をアメリカ人宣教師夫妻に託すことになる。

やがて、アメリカ人宣教師夫妻は帰国する日を迎えるが、きみは結核にかかっていて、アメリカに行くことができず、東京の麻布《あざぶ》にあった鳥居坂《とりいざか》教会の孤児院「永坂孤女院《ながさかこじょいん》」に預けられ、そこで、わずか九歳で他界している。

母親のかよは、その事実を知らされず、娘はアメリカに渡って暮らしていると信じていたようだ。定説によれば、この話をかよから聞いた野口雨情が作詞したとされている。

さらに異説では、かよと野口との接点はないとされたり、きみとアメリカ人宣教師とのかかわりはないとされていたりもする。

いずれにしても、九歳の幼い命が燃え尽きてしまったという事実を知ると、悲しみを感じるのだ。

34 『シャボン玉』は亡き子どもへの鎮魂歌？

「シャボン玉　飛んだ　屋根まで　飛んだ……」という歌い出しからは、子どもたちがシャボン玉遊びで楽しんでいる様子が浮かぶ。

『シャボン玉』は、野口雨情作詞の童謡である。雨情は北原白秋《きたはらはくしゅう》、西條八十《さいじょうやそ》とともに「童謡界の三大詩人」と謳《うた》われ、『シャボン玉』以外にも『七つの子』『赤い靴』『こがねむし』『雨降りお月さん』『証城寺《しょうじょうじ》の狸囃子《たぬきばやし》』など、数多くの楽曲の作詞を手がけている。

だが、その仕事ぶりと相反するかのように、私生活は順風満帆《じゅんぷうまんぱん》といえるものではなかったようだ。

茨城県に生まれた雨情は、栃木の資産家の娘ひろと結婚。二年後には長男が誕生し、幸せな生活を営《いとな》んでいるように見えた。ところが家庭を窮屈に感じ、やがて飛び出してしまった。事業で一旗揚げようと樺太《からふと》に渡るが、失敗したあげく、その後、一緒にいた芸者に金を持ち逃げされるという体《てい》たらく。

明治三十九年（一九〇六）から同四十二年（一九〇九）にかけては、北海道で新聞記者になっている。「小樽日報」に勤めていたときの同僚のひとりが石川啄木《いしかわたくぼく》だった。しかし、その後、上司に反旗を翻《ひるがえ》して失職の憂《う》き目を見てしまった。

その時期に長女が生まれたが、一週間ほどで亡くなってしまう。乳幼児が死ぬのは、さほど珍しくなかった時代とはいえ、我が娘の不幸はつらかったはずだ。『シャボン玉』は、このときの雨情の心情が写し出されていると伝えられる。たしかに二番の歌詞には、「シャボン玉消えた　飛ばずに消えた　うまれてすぐに　こわれて消えた」とあり、後段は妙にリアルに感じられる。

雨情はその後も子どもを授かっているが、長女の死を後々まで悔やんでいたと伝わる。

もっとも、長女を失ってすぐにこの作品が生まれたわけではない。数年後のある日、村の女の子たちがシャボン玉遊びを楽しんでいる姿を見た雨情は、「娘が生きていれば、きっといま頃は、この子どもたちと一緒に楽しく遊んでいただろうに」と思ったようで、それがこの童謡の誕生のきっかけともいわれる。

35 『通りゃんせ』はなぜ「帰りは怖い」のか？

『通りゃんせ』といえば、いまでは横断歩道で流れる曲としておなじみである。

『通りゃんせ』には、「ここはどこの細道じゃ」と問い、「天神様《てんじん》の細道じゃ」と答える歌詞が登場する。天神様とは菅原道真《すがわらのみちざね》を祀《まつ》る神社であることは周知のとおり。そしてまた、「天神様」を祀った天満神社《てんまん》、天満宮《てんまんぐう》、天神社などと呼ばれる神社が各地に数多くあることも知られている。

『通りゃんせ』に登場する「天神様」とはどこの神社か。異説もあるが、埼玉県川越市の三芳野神社《みよしの》が、そのひとつと考えられている。

「お城の天神様」と呼ばれた三芳野神社は川越城内にあったため、一般の参詣《さんけい》はできなかった。だが、人々の信仰心をおもんぱかり、時間を区切って参詣することが許されたのである。

境内の案内板によれば、お参りするためには、まず川越城の南大手門より入り、田《た》郭門《くるわもん》を通り、富士見櫓《ふじみやぐら》を左手に見ながら天神門をくぐり、さらに東に向かう小道を進み、三芳野神社に直進する細道を通らなければならなかった。

もちろん、参詣客に紛《まぎ》れて密偵などが城内に入り込むことは防がねばならない。そこで、帰りの参詣客は警護の者に厳しく調べられた。ここから生まれたのが、「行きはよいよい　帰りは怖い」という歌詞だという。

「天神様の細道」の舞台は神奈川県小田原市の菅原《すがわら》神社という説もある。厳格な通行人の審査でその名を天下にとどろかせた「箱根の関」の近くに位置する神社だ。

江戸時代の関所では「入り鉄砲に出女《でおんな》」という言葉も使われた。治安を守るため、江戸方面に持ち込まれる鉄砲などの武器と、人質として江戸に住んでいる大名の妻女が江戸を脱け出すのを警戒したもの。関所破りは重罪で、当事者はもちろん、それを手引きした者も磔《はりつけ》にされた。

通行手形なしで箱根の関を通ろうとした者は極刑に処されたと伝えられている。もちろん例外はあり、親が急病のときなどの往路は特別に許されたようだが、それが復路となれば、そう簡単に通行が許されるはずもなく、これが「行きはよいよい　帰りは怖い」と歌われたというものである。

36 『指切りげんまん』は本当に指を切っていた？

幼い子どもが、友だち同士で約束をするときに「ゆびきりげんまん、うそついたら、はりせんぼん、の～ます」などと歌っている様子を見ると、「なんと可愛《かわい》らしい」と思う。

しかし、「指切り」や「げんまん」、あるいは「針千本飲ます」とは、どう考えてもおだやかな内容ではない。それもそのはず、この歌には苦界《くがい》に身を沈めた女性たちの真剣な思いが込められている。

かつては「口減らし」として、あるいは借金のかたに、娘を泣く泣く遊郭に売った時代があった。その中でも、幸運な女性は身請《みう》けされたり、年季をつとめあげたりしたが、劣悪な環境から病《やまい》に伏して、若い命を落とした例も少なくない。

そうした世界で、遊女が本気で愛した男性に変わらぬ愛を誓う証《あかし》として、自分の小指を切り落として渡したのが「指切り」なのである。

渡された男の側も「将来は夫婦《めおと》になろう」と思うわけだが、相手が遊女となると、さまざまな障害が立ちはだかるのは世の常。その結果、縁が切れることも珍しくなかった。

そうとわかっているから、女の側も「嘘《うそ》ついたら、針千本飲ます」と釘《くぎ》を刺し、どんなことをしてでも約束を守らせようとしたわけである。

指切りに続く「げんまん」にしても意味は恐ろしいもので、漢字で「拳万」と書き、実は「げんこつ一万発」のこと。それだけ殴られたら、大の男でもノックアウトされてしまうに違いない。

ところで、駒沢女子大学の千葉公慈教授は「指先霊魂説」という私見を述べている。霊柩《れいきゅう》車を見たときに親指を隠すという言い伝えがあったり、印鑑ではなく拇印《ぼいん》を押したりするのは、指先には、その人の魂が宿っているからという考え方だ。

そういえば、任侠《にんきょう》の世界では、責任を取る、おとしまえをつける方法のひとつとして「指をつめる」というものがある。親指ではなく、たいていは小指だが、「指先には魂が宿っているから」と考えられてきたことの裏づけのようにも感じられる。

37 『カチカチ山』はホラーストーリーだった？

『カチカチ山』（『かちかち山』）は、日本の五大昔話のひとつである。一般に伝わる『カチカチ山』は、おじいさんに捕らえられたタヌキがおばあさんを殺して煮物を作り、それをおじいさんに食べさせるという前半と、ウサギがおじいさんに代わってタヌキを懲《こ》らしめ、最後には殺してしまうという後半に分かれている。

幼児向けの『カチカチ山』では、いたずらするタヌキにおしおきをすると、もう悪いことはしませんと泣く泣く反省し、めでたし、めでたし……となる。

だが、『カチカチ山』は、それほど単純でも心優しい話でもない。そもそも、タヌキを懲らしめるきっかけがカニバリズム、つまり人肉食から始まっているのだ。

おじいさんが出かけている間に、おじいさんが捕らえたタヌキで、タヌキ汁をつくってておこうとおばあさんは考える。

すると、捕らえられたタヌキは「タヌキ汁をつくるのを手伝うから、縛られている縄をほどいてほしい」とおばあさんに申し出る。

もちろん、最初は「そんなことはできない」とおばあさんは拒絶するが、囲炉裏《いろり》の火をおこすのも、鍋に水を汲《く》むのも面倒だから、ついついタヌキの口車に乗せられてしまうのである。

だが、縄をほどかれたタヌキは手伝うどころか、あろうことか、おばあさんを叩き殺し、その肉を囲炉裏にかけられていた鍋に放り込んで逃げてしまう。

お腹を空《す》かせて帰ったおじいさんは、「ただいま。あれ、おばあさんはどこにいるんだ？」と心配するが、鍋からはいい匂いがしている。

「おお、タヌキ汁ができているな。ちょっと一口、いただこう」と味見をすると、「うん？　ずいぶん肉がかたいなぁ。年をとったタヌキには見えなかったが……」と不審に思う。

それにしても、おばあさんが戻ってこない。すると、そこにタヌキが現れ、「鍋の中身はばあさんだ」と告げて走り去っていく。

事の次第を知ったおじいさんは悲嘆にくれる。その様子を見ていたのが、おばあさんに可愛がられていたウサギ。おばあさんの仇《かたき》をとろうとして、タヌキを次々と罠《わな》にはめる。タヌキに背負わせた薪《まき》に火を点《つ》けて火傷《やけど》を負わせたり、泥舟に乗せておぼれさせたり……というものである。『カチカチ山』の「カチカチ」は、ウサギが薪に火を点けようとしたときの火打石《ひうちいし》の音だ。

このように、途中経過はよく知られているとおりだが、結末は、幼児向けの絵本のように「めでたし、めでたし」とはならない。

昔話や民話の常で、当然、さまざまな説はあるものの、総じていえばタヌキ汁にされて食べられるのがタヌキの末路。なかには、ぐらぐら煮立った鍋に、生きたまま放り込まれるという話もあるそうだ。

日本では人肉食はタブー視されているが、それを伝えている民話や昔話は、実は少なくない。なかでも酒呑童子《しゅてんどうじ》や鬼婆《おにばば》の物語は有名で、柳田国男《やなぎたくにお》が民間伝承を聞き書きした『遠野《とおの》物語』にも、死んだ愛妻の肉を食べた男の話が登場する。

最近の『カチカチ山』は、おばあさんが汁にされるシーンがカットされたり、殺人が起きないものも多い。「子どもには残酷だから」という理由である。だが、古くから語られてきた話は残酷だった。本来の『カチカチ山』は人肉食や復讐劇がプラスされた、ある種のホラーストーリーとも考えられるだろう。

38 「ヒヒ退治」のヒヒはなぜ娘を要求したのか？

豊作祈願のためであったり、天変地異を神の怒りと考えた村人たちが、若い娘——しかもその多くは美しい生娘《きむすめ》——を人身御供《ひとみごくう》として神に捧《ささ》げていたという伝説が日本各地に残る。

だが、その神様の正体が、実は野武士や山賊だったというケースも少なくない。「神様ではない相手に娘を捧げていた話」のひとつとして、長野県飯田市の姫宮《ひめみや》神社に伝わる「ヒヒ退治」の話がある。

一年に一度の祭りの前夜、娘がいる家の軒先《のきさき》に一本の矢が刺さった。文字どおり「白羽《しらは》の矢」で、その家では翌日の祭りどころではなくなった。拒絶すれば神の怒りに触れることになり、田畑が荒らされて農作物をつくれなくなってしまう。別の伝承では、疫病《えきびょう》が広がって多くの人が死ぬという話が加わっている。

ある年のこと、岩見重太郎《いわみじゅうたろう》という男が一夜の宿を求めてその地を訪れた。岩見重太郎は、諸国を武者修行して廻《まわ》った剣豪。旅の途中で山賊を懲《こ》らしめたり、大蛇を退治したりと、各地に武勇伝を残している。また、天橋立《あまのはしだて》（現在の京都府宮津市）で父の仇《あだ》を討った、あっぱれな侍でもある。のちには豊臣《とよとみ》家に仕え、薄田兼相《すすきだかねすけ》と名乗り、大坂夏の陣で戦死したと伝えられている。

村人から人身御供の話を聞いた重太郎は、「神がそんな無慈悲なことをするはずがない」と憤《いきどお》り、娘の代役を買って出た。

娘の着物をまとい、さも若い娘であるかのように装《よそお》った重太郎が山中に行くと、現れたのは巨大なヒヒ。腕に覚えのある重太郎は、そのヒヒを一瞬にして討ち取る。翌朝、おそるおそる山中を訪れた村人たちは、何もなかったような顔をしている重太郎と、ヒヒの死骸を見ることになる……。

これと同じような話が柳田国男《やなぎたくにお》編の『全國昔話記録』にある。「ジンゲンダ様のヒヒ退治」といい、木曾《きそ》の町で八幡《はちまん》様に人身御供を差し出す騒ぎがあった。たまたま街道を通りかかった知恵者が「神が人を差し出せと言うはずがない」と見抜き、娘とともに長持《ながもち》に隠れ、怪物を退治したところ、大きなヒヒ猿だったという。

このような昔話に登場するヒヒの正体は、実は野武士や山賊だったようだ。村の美しい娘を見た荒くれ男たちが、祭りにかこつけて、神様の存在をちらつかせながら、毎年、若い女性を差し出させていたのである。

野武士は、「野伏《のぶせり》」（「野臥《のぶし》」）のこと。南北朝時代から戦《いくさ》に加わるようになり、「野武士」とも呼ばれた。もともと山麓や草原などで木工、炭焼きなどを家業とした小集団だったが、山賊や盗賊に変わり、生活が苦しい農民などもそれに加わった。やがて農家を襲う武装集団に発展したのである。

食料や金目《かねめ》のものを盗むだけでなく、若い女を人身御供に出させた。理不尽な賊に狙《ねら》われた人々は、ひたすら耐え忍ぶしかなかったのである。

気の毒なのは、神に捧げられた娘と、その家族だろう。「神の怒りを鎮《しず》める」ためではなく、男たちの欲望を満たすために犠牲となったのでは、悲惨な運命としかいいようがないではないか。

39　大江山の鬼は化け物ではなかった？

昔話の傑作といえば『酒呑童子《しゅてんどうじ》』の物語があげられる。

昔、丹波《たんば》の大江山《おおえやま》に、恐ろしい大鬼がいた。名を酒呑童子といい、手下の鬼と都に上っては財宝を奪う。身分の高い家々の姫までさらっては犯す始末で、都の人々は震え上がっていた。

鬼の悪行はやまず、困り果てた天皇は、武勇の誉れ高い源頼光《みなもとのらいこう》に鬼退治を命じた。

頼光は、鬼退治には少数精鋭で行くのがよいと、最強の家来を四人呼んで策を練り、旅人となって鬼の屋敷に入り込んだ。そして、「神便鬼毒酒《しんべんきどくしゅ》」という、鬼にとっては毒となる酒で鬼たちの身動きを封じ、見事に退治すると、意気揚々《いきようよう》と都にもどったのである。

この話は、実在した源頼光という有名な武将をモデルに語られている。

一方の酒呑童子といえば、丹波の大江山、または近江《おうみ》の伊吹《いぶき》山に住んでいたとされる鬼の首領である。酒が大好きで、子どものような散切《ざんぎ》り頭のために酒呑童子と呼ばれていた。大男で毛むくじゃら、さらに角《つの》が生えているという恐ろしい風体《ふうてい》の怪物だった。

酒呑童子の出生についてはさまざまな説がある。ある説では越後国《えちごのくに》の生まれで、母の胎内《たいない》で十六ヵ月を過ごしてから生まれ、すぐに言葉を話すという天才児であったという。

しかし、我が子を怖れた両親は彼を山に捨てた。やがて酒呑童子は流浪《るろう》の途中で悪住職の弟子となり、悪法の力で鬼となって人を襲うようになったとか。

ただ、今日では、童子はそうした妖怪などではなく、鬼の面をつけて盗みや誘拐、婦女暴行を働いた凶悪な盗賊と考えられている。

その風体を「毛むくじゃら」で、「人肉を喰らう」と記しているものがある。これは野や山に住む盗賊を指していたと考えると、だんだん謎が解けてくる。野山の鹿などを捕らえてその肉を食べ、皮を身にまとった姿を見られたのだろう。

ほかに働く術《すべ》を知らない盗賊たちは、食物、金、女を奪い、野や山で生活するしかなかったのだ。

大江山に鬼が棲むとは、古く平安初期から言い伝えられていた。といっても、その「大江山」は現在の京都市西京区と亀岡市の境にある老ノ坂峠《おいのさかとうげ》のこと。交通の要《かなめ》で、盗賊がよく出没したのである。

しかし、京の近くに鬼が棲《す》むのは都合が悪くなり、中世以降は丹波（京都府中部、兵庫県北東部、大阪府北部）と丹後《たんご》（京都府北部）にまたがる大江山になり、『酒呑童子』の話もそれに従っている。

酒呑童子の姿は、色薄赤く背高く髪は乱れ、常に酒を飲むと描写されているが、これはまさに中世の日本人が見た外国人の容姿といえないだろうか。

大江山に館《やかた》を築いて住んでいたというのも、日本海で乗船が難破《なんぱ》して命からがら上陸したが、土地の民に追われて山へ逃げた外国人の子孫だったと想像できる。おそらくはロシア人あたりではないか。当時の日本人には、異国人は皆、同じように見えたのだろう。だからこそ、「同じ鬼が四百年も生きた」などと伝えられたのだ。

40 幽霊飴伝説も生まれた鳥辺山の風習とは?

鳥辺山《とりべやま》は、京都市東山区の清水寺《きよみずでら》南側に広がる丘陵である。平安時代以前から北の蓮台野《れんだいの》、西の化野《あだしの》とともに京都の埋葬地とされてきた。古くは鳥葬《ちょうそう》だったため「鳥辺《とりべ》野《の》山」と呼ばれ、やがて「鳥辺山」となった。

『徒然草《つれづれぐさ》』には「鳥辺山の烟《けむり》立ち（荼毘《だび》の煙）」と詠《うた》われるほど有名だった。

鳥辺山周辺には昔から不思議な話や怪談がいくつも伝えられてきた。とりわけ有名なのは「鳥辺山の幽霊飴《あめ》」だろう。

六道珍皇寺《ろくどうちんのうじ》の門前に一軒の飴屋があった。ある夜、表の戸を叩く音がした。番頭が木戸を開けると、青白い顔をした女がいる。

「夜分申し訳ございませんが、飴を売っていただけませんか」

女は一文銭《いちもんせん》を差し出したので、番頭はそれを受け取り、飴を渡した。

翌日、前夜と同じ頃にまた表の戸が叩かれた。番頭がそっと木戸を開けると、同じ女が立っている。

「今夜も飴を」

と、また一文銭を出したので、番頭は昨夜と同じように飴を渡したのである。

ところが次の夜も、また次の夜もと、六日も続いたので、番頭は店の主人に相談した。すると主人は、

「その女は今夜も来て、『金がない』と言うかもしれぬ」

「また、なぜ金がないのでしょう？」

「三途《さんず》の川の渡し賃が六文じゃ。六日で六文やから、もしその女が幽霊なら、もう持ち金はないだろう」

「ひぇー、幽霊……」

その夜、いつもどおりの時刻に戸を叩く音が聞こえてきた。

「へい。どちらさまで」

と、番頭が木戸を開けると、やはり女が立っていて、

「飴をお譲りいただきたいのですが、お金が……」

番頭は、「お、お代は後払いで結構です」と、震えながら飴を渡した。

そして、女の正体を見極めてやろうと思い、番頭はあとをつけてみた。すると、女は鳥辺山あたりへ進み、杉の大木の根元ですっと消えたではないか。そこで根元を掘ったところ、なんと若い女の亡骸《なきがら》が、生きた赤ん坊を抱いていたのである。死ぬ間際に子どもを産んだ女は、「子どもはなんとか救いたい」という一念で幽霊となり、飴を与えて育てていたのだった。

仰天《ぎょうてん》した番頭は、赤ん坊を抱いて店に連れ帰ったという。

幽霊飴の舞台となった飴屋は、いまも残る「みなとや幽霊子育飴本舗」。創業から四百五十年で、元は「みなとや」だったが、幽霊飴の話が有名になり、現在の屋号に改めたという。また、この店には幽霊の一文銭を入れたとされる古い銭函《ぜにばこ》が残されている。

女の幽霊が赤ん坊を育てるために買ったという話から、妊娠中の女性や授乳中の女性などが買いに訪れるというが、漫画家の水木しげる氏もこの飴を買ったそうで、この飴の話が『ゲゲゲの鬼太郎』の誕生のきっかけになったという。

第4章

冠婚葬祭のさまざまなしきたりとは？

41 角隠しは女性の嫉妬心を戒めたもの？

結婚式での新婦のウェディング・ドレスは華やかな装《よそお》いだが、白無垢《しろむく》姿も、また美しいものである。

ところで、花嫁は文金高島田《ぶんきんたかしまだ》という髷《まげ》を結《ゆ》った髪の上に、頭を覆《おお》うようにして「角《つの》隠《かく》し」をまとうが、なぜ、清楚《せいそ》で初々《ういうい》しい新妻が角を隠すのだろうか。

角隠しの由来については、さまざまな説があるが、そのひとつは、江戸時代に女性が寺参りのときにかぶったもので、特に浄土真宗の報恩講の折のかぶりものが原型とされる。また、上流の女性が外出で用いた揚げ帽子が、明治以降に角隠しと呼ばれるようになったとか。

「夫以外の男性に顔を見せないため」という説もあり、これは奥ゆかしさの表れかもしれない。

そういえば、イスラム圏の女性も、ブルカと呼ばれる布で頭や顔を隠したり、アバヤという目と手足以外を隠す衣装をまとったりしている。イスラム教の聖典「クルアーン（コーラン）」に、女性は顔と手以外を隠して、近親者以外には目立たないようにすることが記されているためのようだ。

ではなぜ、花嫁のそれを角隠しと呼ぶのか。女性からクレームが寄せられそうな内容だが、「女性の嫉妬《しっと》心を戒《いまし》めるもの」という説がある。

そもそも「嫉妬」という漢字自体が、どちらも「女へん」である。つまり、女性は嫉妬心が強く、嫉妬にかられた象徴的な姿が角のある鬼とされた。「いい妻になりたければ嫉妬心を抑《おさ》えなさい」という教えを込めて、角の生える部分を隠したものが角隠しというわけだ。

42 お試し結婚生活の「シキマタギ」とは？

日本では離婚率が三十パーセントを超え、結婚したカップルの三組にひと組が離婚するといわれている。

だが「三組にひと組」といっても、実は「数字のマジック」「落とし穴」がある。離婚者の中には、二度、三度と結婚・離婚を繰り返す人もいる。逆に、一度結婚した相手と仲睦《なかむつ》まじく暮らして、「ともに白髪の生えるまで」と生涯を添い遂げる夫婦も少なくないのだ。

とはいえ、以前よりも離婚のハードルが低くなっているのは事実。その理由は「男性は会社で働き、女性は子どもを産み、育て、家庭を守る」というかつての考え方やライフスタイルが変化しているためだろう。女性の社会進出が進み、経済力も手に入れた結果として、「結婚よりも仕事を選ぶ」と話す女性も多い。

同棲《どうせい》について、「反道徳的」と考える風潮も過去のもののように思える。それまで別の家庭や環境で育ってきた二人が、いきなり一緒に暮らすのがなかなか難しいのも当然で、二人で過ごしてみて、「初めて気がついた」ということも多々あるはずだ。

日本でも、地方によっては「シキマタギ」などと呼ばれた「お試し結婚生活」があった。いわゆる「足入れ婚」と呼ばれ、正式の婚姻が成立する前に、女性が夫となる予定の家族と暮らすという結婚のスタイルだ。

その多くは、農家だったようで、「労働力」が必要になった場合、通常は農閑期に行われる結婚式を待たずに「嫁」として迎え入れる。一方の「嫁」側にすれば、「本当に、この人でいいのだろうか」「この家の嫁になっても大丈夫なのか」という不安な点を確かめることができた。

逆に夫が妻の家で生活する「足入れ婚」もあった。民俗学者の大間知篤三《おおまちとくぞう》氏の研究によれば、伊豆諸島の事例として、結婚の祝いは夫方で行うものの、結婚当初は夫が妻の家で暮らす結婚のかたちがあり、これを「足入れ婚」と呼んでいる。

恋愛も結婚も自由な現代にあっては、過去のしきたりでしかない。だが、結婚生活に失敗しないための知恵として、かつては有効だったわけだ。

43　墓地には「黄泉の国」に落ちる穴がある？

故人の命日や、春と秋のお彼岸、あるいはお盆に、墓参に訪れる人は少なくないことだろう。

墓について歴史をさかのぼってみると、日本で個々の墓が造られたのは豪族や貴族が始まりであり、その後、武士や有力者の墓が見られるようになる。しかし、庶民が墓をつくるようになるのは江戸時代に入ってからであり、墓参が行われるようになったのもその頃からである。

さて、墓地は、会ったことのないご先祖様や見ず知らずの死者も多数眠っている場所であり、死霊だけでなく、悪霊や魑魅魍魎《ちみもうりょう》が跋扈《ばっこ》する空間と考えられてきた。

「墓地には黄泉《よみ》の国へ落ちる穴がある」という言い伝えがある。

昔から日本では、「転ぶと魂が身体から抜け出てしまう」ことがあると考えられてきた。しかも転んだ場所が墓地だと、抜け出た魂が悪霊や魑魅魍魎の類《たぐい》に取り込まれ、黄泉の国に引っ張られて、身体に戻れなくなると考えられていたのだろう。

そこで、「墓地には黄泉の国に落ちる穴がある」と子どもに伝え、「黄泉の国って、なあに？」と聞かれれば、「生きて帰ってこられない世界だ」と教えて、墓地で走ったり騒いだりすることを戒めた……そう考えれば納得がいくのである。

また、「墓地で転んだら片袖《かたそで》を置いていけ」ともいわれるのは、片袖を自分の身代わりとすることで、魂を奪われることを防ぐおまじないとしたのだろう。

44 「末期の水」はお釈迦様の臨終が起源？

臨終を迎えた人の唇《くちびる》を湿らせるのが「末期《まつご》の水」。死後の世界で喉《のど》が渇《かわ》くことのないようにという願いを込めた、「死に水」とも呼ばれるしきたりである。

新しい筆か箸《はし》の先に脱脂綿《だっしめん》を巻きつけて白い糸で縛り、それに水を含ませ、唇を軽く濡らすもので、本人と血のつながりの濃い者から、近親者、友人と順に続く。ただ、最近は行われなくなっている。

臨終について詳しい医学博士の志賀貢《しがみつぐ》氏によると、臨終間際《まぎわ》の病人は水分摂取が十分にできず、脱水状態であるからだという。

このしきたりの起源は、お釈迦様《しゃか》（仏陀《ぶつだ》）の臨終の場面にあった。

仏典によれば、釈迦は死を悟った際に、弟子に「口が渇いたので水を持ってきてほしい」と頼んだが、その水が得られなかった。すると、雪山に棲《す》む鬼神が、釈迦の危篤を知って水を持ってきてくれた。それが「末期の水」の由来だという。

45 遺体を北枕に寝かせるのはなぜ？

死者の弔《とむら》いに際しては、仏教では枕かざりがほどこされる。枕かざりとは、白木の台、あるいは小さな机に白い布をかけたもので、その上に、水、香炉《こうろ》、線香、鈴、燭台《しょくだい》、枕だんご、一膳飯《いちぜんめし》、花立《はなたて》をそろえる。

一膳飯は、茶碗にごはんを高く盛り、箸を立てるのが決まり。ただし、宗派によって多少の流儀や作法の違いはあるそうだ。

また、遺体を寝かせるときには頭を北向きにすることは広く知られている。

そのしきたりの根拠とされるのが、お釈迦様の死の情景を描いた涅槃図《ねはんず》である。

「そのとき世尊《せそん》（お釈迦様）は右脇を下にして、頭を北方に枕し、足は南方をさす。面《おもて》は西方に向かい」とある。つまり、お釈迦様が亡くなったときと同じ向きに遺体を安置することで、あやかろうとしたわけだ。

46 遺体の額につける三角の布は冠だった？

かつての通夜や葬儀では、亡くなった人の額《ひたい》に三角形の白い布や紙をつけていた。これを「天冠《てんかん》」と呼ぶ。地域によっては「頭巾《ずきん》」「髪隠し」などとも呼ばれ、亡くなった人の死装束《しにしょうぞく》の一部とされるのだが、なぜ三角形の天冠をつけるのだろうか。

多くの仏教の解釈では、死者は死後三十五日目に、閻魔庁《えんまちょう》を通るとされる。このとき、冠《かんむり》をつけていないと失礼にあたるというのである。

中国ではかつて、冠のない者は野蛮人と見なされたが、これが形式化して、死者も天冠という三角形の布、あるいは紙をつけるようになった。

もちろん、天冠があったからといって、閻魔庁を通れるという確約があるわけではない。それでも、身なりは高貴なものに整えて極楽へ行ってほしいという願いを込めたものなのである。

47 なぜ六文銭（六道銭）を副葬品にするのか？

六文銭《ろくもんせん》と聞くと、戦国時代に信濃国《しなののくに》から天下に名をとどろかせた真田《さなだ》氏の家紋を思い浮かべる人も多いだろう。

亡くなった人に持たせる六文銭については、「あの世でお金に困らないように」という遺族の願いだったり、「三途《さんず》の川の渡し賃が六文」といわれたりしたことから副葬品となったもので、「冥銭《めいせん》」とも呼ばれる。

また「六道銭《りくどうせん》」と呼ばれることもある。前述したが六道とは仏教で考えられている「天道、人間道、修羅《しゅら》道、畜生《ちくしょう》道、餓鬼道、地獄道」という六つの世界のことで、死者が六道をめぐる旅で用いる旅費と考えられ、六道で一文ずつ支払った。また銭という金属のもつ力で悪霊を払うと信じられたりもした。

ただしいまでは火葬の支障になることや、貨幣損傷等取締法で貨幣を傷つけることが禁じられているため、紙製の六文銭を持たせるようになっている。

48 「出棺は仏間の縁側から」がしきたり？

告別式のあとには、遺族や近親者たちが故人と最後の別れをすることになる。棺《ひつぎ》に横たわる遺体のまわりは供花《きようか》で飾られ、副葬品がそろえられ、棺の蓋《ふた》が閉じられる。

こうして出棺《しゆつかん》となるが、斎場からの場合は、たいてい葬儀社などの担当者の指示に従って行われるものだ。

だが、かつての日本家屋において行われた出棺には、「しきたり」が伝えられていた地方がある。棺は玄関からは運び出さないとされていたのだ。

日本家屋で、最上の部屋とされるのは仏間である。たとえば、庄屋さんやお坊さんなど、社会的地位の高い客が訪れたときには、玄関ではなく、仏間に通じる縁側を出入り口とするのが常だった。出棺に際しても、棺は玄関ではなく仏間に通じる縁側から運び出されるのである。地域にもよるが、棺は足を前にして運ばれることが多い。葬儀では「日常と逆」のしきたりが多いが、出棺にしても同様なのだ。

49 「骨あげ」で、二人で一片の骨を拾う理由は？

遺体は火葬された後、骨あげという儀式が行われる。遺族の手によって遺骨を骨壺《こつつぼ》に納めるものだ。

骨あげでは二人一組になって、長さの違う竹製と木製の箸を一本ずつ組み合わせて使う。宗派によっては竹の箸を使う作法もある。

骨あげは、足元から頭の方へ向かって順に行われ、最後に、のどぼとけの骨を、故人と最も縁の深かった二人が骨壺に納める。

骨壺に納められた遺骨は、白木《しらき》の箱に入れ、白い布で包み、喪主《もしゅ》が胸に抱いて自宅へと帰る。

持ち帰った遺骨は、四十九日の忌明《きあ》けまで仏壇の前に安置される。昨今は仏壇のない家庭も少なくないが、その場合は、部屋の北側か西側にあるタンスなどの家具の上に置き、失礼のないように安置するのがしきたりである。

毎日の焼香《しょうこう》を欠かさず、故人の冥福を祈り、四十九日の忌明けに埋葬する。

私たちの日常の食事では、ひとつの食べ物を二人が箸で持ったり、箸で挟んだものを別の人に箸で渡したりするのはマナー違反である。だが、骨あげでは二人で持つのが作法となる。

当然ながら、お骨は持ちにくく、また組んだ相手とタイミングを合わせることが求められ、それだけ慎重になる。だが、それこそが遺族に故人との最後の別れを意識させることになるのではないだろうか。

二人で拾ったお骨を、「箸渡し」して骨壺に納めるのは、なかなか難しく、故人が三途の川を渡るための「橋渡し」を手伝う様子になぞらえているという説もある。

骨あげで、扱いにくい箸の使い方が求められるのは、葬儀が、死者がこの世からあの世に旅立つ日常とは異なる空間であるため、日頃とはまったく異なる作法が用いられるのであろう。

なお竹の箸と木の箸という異なる種類の植物を使うのは、接《つ》ぎ木ができないものの組み合わせで、決別を表しているとも解釈されている。

50 初七日、四十九日と法要はなぜ「七」の倍数なのか？

地域によっても異なるが、葬儀に参列し、ひととおりの儀式が済むと、引き続き、初七日《しょなのか》の繰り上げ法要が行われる場合がある。一般的には、会葬者の都合などを考慮してのものである。そもそも初七日とは、人が亡くなった日から数えて七日目のこと。この日に故人が三途の川のほとりにたどり着くと考えられている。もちろん、宗派や流儀によっても異なるが「初願忌《しょがんき》」と呼ばれることもある。

その後、七日ごとに「二《ふた》七日」「三《み》七日」「四《よ》七日」「五《いつ》七日」「六《む》七日」と法要が続き、「七七《なな》日」が「四十九日の法要」となり、忌明けといわれる。

なぜ、七日ごとなのか。それは「裁《さば》き」があるからだ。

閻魔大王《えんまだいおう》を筆頭とする審判官の裁きは七日ごとにあり、生前の行い、つまり功徳《くどく》や罪に対して審判され、来世で行くべき場所が決定される。遺族たちは、その審判で、よりよい判決が故人にくだることを祈って法要を行うのである。

51 死後婚の「ムカサリ絵馬」はなぜ奉納されたのか？

奉納された絵馬に描かれているのは、正装をした故人の結婚式の様子。そんな、なんとも奇怪な絵馬が実在する。

この不思議な絵馬は、山形県の村山地方や青森県の津軽地方の一部で見られ、ムカサリ絵馬と呼ばれている。「ムカサリ」とは、「迎えられ」から転じて「嫁入り」を意味する方言だ。

なぜ、このような絵馬が奉納されるかといえば、死者に対する儀礼である。未婚のままでこの世を去った死者を「結婚」させることで、祖霊としての地位を確立させることが目的だ。

この風習は江戸時代から行われていたことは確かだが、奉納された絵馬の数は、昭和二十年（一九四五）から急増している。もちろん太平洋戦争で、志半ばで命を落とした若者たちの霊に対するものであったろう。

52 なぜ葬式に赤飯を出す地域があるのか？

風俗習慣には、その地方独特のものがある。まさに「ところ変われば、品変わる」だが、なんと、おめでたい席でふるまわれる赤飯が、福井では葬儀の場に登場するのである。

その由来などについては諸説ふんぷんだが、赤という色に魔除けの力があることがやはり影響しているのだろう。

和装で、着物の下につける襦袢《じゅばん》に赤が好まれるのは、赤い色によって健康を守るためといわれている。還暦のお祝いに着る赤いちゃんちゃんこも、長寿の祝いであると同時に、これからも長生きできることを願ってのものだ。

「赤飯はその昔、凶事の席でふるまわれた魔除けだった」とする向きもあるようで、「赤飯＝おめでたいもの」というのは、のちの世の人々が、めでたいとされる「紅白」になぞらえて、赤飯を祝いの席に利用したのかもしれない。

53 なぜ午後から履物を下ろしてはいけないのか？

「新しい靴（履物《はきもの》）を、午後から下ろすものではない」と言われたことがないだろうか。

かつての野辺《のべ》送り、すなわち葬式と、そのときに履かれる草履《ぞうり》を思い起こさせるので、縁起がよくないとされたのである。

葬式は午後からするもので、その際、棺《ひつぎ》を担《かつ》ぐ人たちは葬式用の新しい草履を履いて墓地へ向かい、埋葬をすませると、草履の鼻緒《はなお》を切って捨てた。つまり、新しい履物を午後から下ろすのは、「死」や「死者」を連想させるので、縁起でもないと戒《いまし》めたのである。

また、「履物を下ろすときには竈《かまど》の炭《すみ》（墨）を塗れ」ともいわれた。

竈の神は「荒神《こうじん》」とも呼ばれる恐ろしい神で、火の元となる竈の炭（墨）には、呪的な力があると信じられたのである。

54 仇討は庶民も含めた親孝行の実践だった？

白鉢巻《しろはちまき》に白襷《しろだすき》をした姉妹が懐剣《かいけん》を手に叫び声を上げる。

「父の仇《かたき》！」

時代劇によく登場するシーンである。

敵討《かたきう》ちは、直接の尊属（親・兄）を殺した者に対する復讐であり、卑属（妻子・弟妹）や主君・部下を殺した相手への「私刑」は認められていない。

江戸時代には幕府公認の制度となり、たとえば敵討ちを行う者が藩の人間なら、まず藩に届けを出し、敵討ちが認められると、幕府にそれを報告し、町奉行所の敵討帳に帳付けしてもらう。これで許可書が交付され、正式な敵討ちとなり、ようやく仇を討つべく藩を離れて移動が許されたのである。

さて、仇討《あだうち》は幕府が認める公的なシステムでもあり、江戸期最も有名な仇討劇が「忠臣蔵」に登場する赤穂浪士《あこうろうし》のため（ただし幕府は主人の仇を報じたとする赤穂浪士の討ち入りを、仇討とは認めていない）、武士の専売特許のように思えるが、実は武士だけが行ったわけではない。幕府末期には百姓や町人も敵討ちをしていた。それを幕府や諸藩が称賛していた記録も残っている。

早稲田大学准教授の谷口眞子《たにぐちしんこ》氏は、「敵討の多くは、実は親のための復讐であり、孝行の実践として幕藩権力もこれを是認していた」と説き、「武士道精神を発現した『武士道の華』というよりはむしろ、庶民も含めた親孝行の実践行為として江戸時代の社会の中に位置づけられていたのである」（WASEDA ONLINE）と結論づけている。

先述したように、最愛の妻が殺害されても敵討ちはかなわないが、「妻敵討《めがたきうち》」といって、自分の妻が不倫をしたときには、妻と相手の男に対して仇討ちを行ってもよいことになっていた。これにより、妻を寝取った相手を殺害することはできたが、妻も一緒に殺害しなくてはならず、なんともやるせない想いだったに相違ない。

時は下り、明治六年（一八七三）に復讐禁止令が公布されて以降、敵討ちは殺人となった。

55　武士の切腹にフランス人が震え上がった？

「切腹は残酷でクレイジー」

そんなイメージを最初に抱いたのはフランス人かもしれない。

「……フランス人共聴け。〔中略〕日本男子の切腹を好く見て置け〔中略〕箕浦は衣服をくつろげ、短刀を逆手に取って、左の脇腹へ深く突き立て、三寸切り下げ、右へ引き廻《まわ》して、又三寸切り上げた。刃が深く入ったので、創口は広く開いた。箕浦は短刀を棄てて、右手を創に挿し込んで、大網を攫んで引き出しつつ、フランス人を睨み付けた……」

森鷗外《もりおうがい》の短編歴史小説『堺事件』の一場面だ。フランス人に啖呵《たんか》を切ったあと、腹に刃を突き立て、切り口から内臓（大網膜《だいもうまく》）を引き出すというすさまじさである。

この話は鷗外の創作ではなく、徳川幕府滅亡後の慶応《けいおう》四年（一八六八）に起きた実際の事件である。堺に入港したフランス軍艦の水兵が住民に乱暴を働いたため、同地を警備していた土佐《とさ》藩兵が水兵十一人を殺傷した。事件後、フランスの要求により土佐藩士二十人に切腹が命じられるが、立ち会ったフランス軍艦艦長が恐ろしくなって、十一人で中止させている。はらわたを自ら引きずり出す所業は、外国人にとって狂気の沙汰《さた》であっても、切腹は武士たちには名誉である。彼ら武士階級のみに許された死にざまであったからだ。

切腹には作法や検死方法、さらに用いる短刀の長さまで細かい取り決めがあった。江戸時代には『自刃録《じじんろく》』という切腹のハウツー本もあった。

映画監督の伊丹十三《いたみじゅうぞう》著『ヨーロッパ退屈日記』に切腹のコツが書かれている。「腹を切って即死する訳じゃないんだぜ。〔中略〕特に注意してもらいたいことは、あまり腹を深く切ってはならぬ、ということだ。腹を深く切りすぎると、ショックと出血が大きすぎて、喉を突く力が消え失せてしまう。即ち、そのままの姿勢で長く苦しむ、ということになって、これは見苦しいことであるとされている……」

腹部には太い血管が通っていないため、切腹だけではすぐに失血死はしないため、のどを搔《か》き切るというのだが、やはり、外国人のみならず現代の日本人からしても、残酷な自殺方法といえるかもしれない。

第5章

神社仏閣に伝わる怖い風習とは？

56　貴船神社の「丑の刻参り」とは？

京都の奥座敷といわれる「洛北《らくほく》」に位置する貴船《きふね》神社は、全国に四百五十社もあるとされる貴船神社の総本社である。高靇神《たかおかみのかみ》という水の神様が祀《まつ》られていることから、水不足の年には雨乞《あまご》いがなされた歴史をもつ。また、水を扱う仕事、たとえば料理や調理に携《たずさ》わる人たちからも信仰されている。

すべての生き物にとって「水」は命の根源であり、それだけに貴船神社は生命にかかわる神社ともいわれている。

縁結びの神としても知られ、多くの若いカップルが訪れる。その一方で「縁切りの神」、あるいは「呪咀《じゅそ》の神」としての一面ももつ。いわゆる「丑《うし》の刻《こく》（時）参り」だ。

丑の刻参りは、その名のとおり「丑の刻」、現在の時刻でいえば、午前一時から午前三時頃に、恨みをもつ相手に見立てた「わら人形」を、神社の御神木に釘《くぎ》で打ちつけるもので、日本に伝わる呪術のひとつだ。

白い衣をまとい、胸には鏡を下げ、頭には火を灯《とも》したロウソクを立てた鉄輪《かなわ》をつける。

丑の刻参りは七日にわたって続け、七日目が満願《まんがん》となる。だが、その途中で誰かに丑の刻参りの姿を見られると、呪詛の効果は失われるとされている。

満願になると、恨まれた相手は、釘を打ちつけられた身体の部分に原因不明の痛みを覚え、その後、死に至ると信じられている。

貴船大神は「丑の年の丑の月の丑の日」に貴船山に降臨したと伝えられており、丑の日を縁日としている。丑の刻参りにしても、そもそもは「呪詛」のためではなく、ごく普通の願いごとが行われていた。それが「夜中にお参りする」という特殊な状況もあってのことだろうか、いつの間にか「呪詛を行う丑の刻参りの舞台」へと変わっていったらしい。

丑の刻参りは貴船神社に限ったものではなく、各地の神社で御神木に打ちつけられたわら人形が見られたと伝えられている。

57　雷除けの「くわばら、くわばら」の呪文とは？

苦しいときの神頼み……とよくいわれるが、受験生にとっての強い味方といえば「学問の神様」と呼ばれる菅原道真《すがわらのみちざね》を祀った天満宮《てんまんぐう》だろう。受験シーズンが近づくと、全国の天満宮は多くの受験生やその関係者たちでにぎわいをみせる。

だが、現代の受験生にとってはありがたい天神《てんじん》様も、平安時代の京の人々にとっては恐るべき存在だった。

藤原《ふじわら》氏の権勢に対抗すべく、道真を右大臣として重用したのは宇多《うだ》天皇だった。しかし、三十一歳で譲位し、上皇《じょうこう》となる。

これに代わって皇位についたのが醍醐《だいご》天皇だが、この「政権交代劇」で朝廷の勢力地図が大きく塗り変えられる。道真が宇多天皇という後ろ盾《だて》を失うとともに、藤原氏が俄然《がぜん》、勢力を盛り返すのだ。

道真は藤原時平《ときひら》が仕掛けた罠《わな》にはまり、大宰府《だざいふ》に左遷《させん》される。いわば中央政府のトップにいた官僚が、地方の役所に飛ばされたようなものだ。

どん底に突き落とされた道真は、大宰府に赴任したものの体調を崩し、わずか二年ほどで、失意のうちに五十九年の生涯を閉じた。

だが、これで時平は安泰の身となったわけではない。それどころか、藤原氏は次々と不幸にみまわれることになるのだ。

恐怖の舞台となったのは、道真が長年暮らしていた平安京で、道真の死後にたびたび落雷があり、人々を恐怖に陥《おとしい》れた。

そして、時平は三十九歳という若さで突然の死を迎える。さらに、時平の肝《きも》いりでその座についた醍醐天皇の皇太子が二十一歳の若さで急死。その跡を継ぐと目《もく》された次の皇太子までも、五歳で亡くなる。こうなると、京の人たちが「道真の祟《たた》り」と恐れおののいたのも無理のない話だ。

その五年後、人々はさらに恐ろしい光景を目にする。都の上空に突如として黒雲がわき、空をおおいつくした。そして、雷鳴が轟《とどろ》いたかと思うと、平安京の内裏《だいり》のひとつ清涼殿《せいりょうでん》に落雷し、大火事となったのだ。逃げ惑《まど》う官僚たちに火が燃え移り、それはまるで地獄絵図のようだったという。

その年、体調を崩した醍醐天皇は譲位、わずか数日後にはこの世を去っている。さすがの藤原氏も恐れをなし、すでに亡き菅原道真を右大臣として名誉を回復させ、道真を祀ったとされ、これが現在の北野天満宮になっている。

ところで、「くわばら、くわばら」という雷除けの呪文がある。これは、京の町中に何度も雷が落ちたが、一ヵ所だけ落雷のなかった桑原という地名に由来する。

中京区桑原町は、菅原道真の屋敷があったと伝えられるところだが、現在は住む人はなく、御所と京都地裁の間にある、道路のみの地名となっている。

『広辞苑』によると、農夫が雷神から「桑の木が嫌いなので、桑原桑原と唱えるならば落ちない」と聞いたという伝承があるという。古来、「雷除けには桑の木」と考えられた。家を建てる際には、桑の木を棟木《むなぎ》に打ちつけたり、家の周囲に桑の木を植えれば雷は落ちないとされた。雷に遭《あ》ったら桑畑や桑の原に逃げ込んだり、桑の枝を頭に差しかけたが、桑がないときには「くわばら、くわばら」と唱えたのだという。

58 祇園祭は怨霊鎮めの儀式だった？

京都には情趣《じょうしゅ》あふれる行事が多い。趣《おもむ》きのある行事の中でも、祇園《ぎおん》祭、葵《あおい》祭、時代祭が三大祭とされ、とりわけ祇園祭は千百年もの古い歴史がある。

本来は八坂《やさか》神社の祭礼で、大阪の天神祭、東京の神田祭とともに、日本三大祭のひとつとされ、その豪華さや、一ヵ月にも及ぶ期間の長さで広く知られている。

だが、歴史をひもとくと、怨霊との深い関係が浮かびあがってくる。

平安時代の貞観《じょうがん》十一年（八六九）、清和《せいわ》天皇の世。その年、疫病が日本を襲うと、あっという間に広まり、人々を恐怖に陥《おとしい》れた。

朝廷は神泉苑《しんせんえん》で、疫神《えきしん》や死者の怨霊を鎮《しず》め、なだめるための御霊《ごりょう》会《え》を行う。しかし、効果は現れず、その後も疫病の流行が収まらないために牛頭天王《ごずてんのう》を祀り、無病息災を祈念した。同時に、民衆は「自分は蘇民将来《そみんしょうらい》の子孫である」と名乗るようになった。

蘇民将来とは何者なのか。この話は、神話の時代にさかのぼる。

牛の頭をもち、角を生やした鬼神である天竺《てんじく》（現在のインド）マカダの大王が、人間界に降りてきて名乗ったのが「牛頭天王」。その牛頭天王が、南海の竜宮の姫を妻に迎えるために旅に出たときのことである。

ある日、巨旦《こたん》将来という富豪の家に一夜の宿を求めるが断られてしまう。

次に、巨旦の兄の蘇民将来という貧しい家を訪ね、同じように一夜の宿を求めると、「何もおかまいできませんが」と言いながらも、精一杯もてなしてくれた。

翌朝、蘇民将来の家を発《た》った牛頭天王は、その後も旅を続け、やがて妻を得たが、蘇民の家を再訪し、こう宣言した。

「私は牛頭天王である。こののち、疫病となって暴れまわる。だが、もてなしてくれたお礼に、蘇民将来の子孫だけは無病息災を約束してやろう。戸口に『蘇民将来子孫也』という札《ふだ》を貼っておくがよい」

牛頭天王がそう言いおいて去ったのち、巨旦将来の一族は皆殺しにされてしまったという。これが、多くの民衆が疫病を恐れて「蘇民将来の子孫」と名乗った理由だ。

また、民衆が、この恐ろしい牛頭天王と同一視したのが素戔嗚尊《すさのおのみこと》である。天岩戸《あまのいわと》事件を起こして高天原《たかまがはら》を追放されたことでも知られる粗暴な神だが、その一方で、八《や》岐大蛇《またのおろち》を退治し、櫛稲田姫《くしいなだひめ》を救った神話の世界の大英雄である。この素戔嗚尊と牛頭天王が祇園社に祀られたのが、八坂神社のルーツというわけである。

八坂神社の祭礼は、明治まで祇園御霊会《ごりょうえ》とよばれていた。御霊会とは怨霊を慰めるための祭りのことで、貞観五年（八六三）に政治的に抹殺《まっさつ》された人々を平安京神泉苑で祈禱したのが最初とされる。

疾病や災害は恨みを残して死んでいった人々の祟りと考えられたため、御霊会を行い、怨霊を鎮めたのである。

しかし、疾病の流行はなかなか収まることはなく、貞観十一年当時、全国に六十六の国があったことから六十六本の矛《ほこ》を立てて、祭礼を行った。これが祇園祭の始まりであり、時代の流れとともに変化し、現代の祇園祭のかたちになったのである。

余談だが、信心深い京都の人は、輪切りにしたキュウリの断面が八坂神社のご神紋に似ているため、祇園祭の期間中は恐れ多くて口にしないといわれている。

59　寛永寺は江戸の鬼門封じだった？

慶長《けいちょう》八年（一六〇三）、江戸に幕府を開いた徳川家康《とくがわいえやす》。

その家康の側近として、宗教政策や朝廷政策にあたったのが天台宗《てんだいしゅう》の僧侶・天海《てんかい》だ。江戸幕府初期の徳川家を支えた人物であり、驚くことに「百歳以上生きた」と歴史は伝えている。

若き日の天海は、比叡山延暦寺《ひえいざんえんりゃくじ》で修行をしており、織田信長《おだのぶなが》による比叡山の焼き打ちも経験したと伝えられている。その後、武田信玄《たけだしんげん》の招聘《しょうへい》を受けて甲斐国《かいのくに》（現在の山梨県）に移住し、さらに現在の福島県、群馬県、埼玉県でも暮らしている。慶長十七年（一六一二）頃に家康に仕えるようになったという。

天海は僧侶であると同時に、陰陽道《おんみょうどう》や風水にも造詣《ぞうけい》が深かった。持てる知識を活かし、徳川家の安泰を考えた江戸の都市計画にもかかわり、力を発揮したといわれている。

たとえば台東区上野の寛永寺《かんえいじ》は「東叡山《とうえいざん》」という山号をもつが、これは「東の比叡山」、つまり、天海が修行を積んだ延暦寺に由来し、現在、天台宗の別格大本山の寺院となっている。江戸城の鬼門（東北の方位）にあたる上野の台地に建立《こんりゅう》されたのは、いわゆる鬼門封じで、さらに寛永寺の隣には、家康を祀る上野東照宮《とうしょうぐう》が建立された。

家康の神号を「東照大権現《とうしょうだいごんげん》」とし、その遺体を久能山《くのうさん》から日光山に改葬したのも天海といわれている。江戸幕府黎明《れいめい》期の将軍家に対して、これほどの影響力を持った人物はいない。

徳川家の安泰を祈念した天海は、江戸城の南西の方位にあたる「裏鬼門」の増上寺《ぞうじょうじ》に二代将軍秀忠《ひでただ》を葬《ほうむ》り、徳川家の菩提寺《ぼだいじ》とすることで、こちらも「裏鬼門封じ」とした。

さらに同じ方角に、日吉大社《ひよしたいしゃ》をルーツとする日枝《ひえ》神社を置き、鎮護に万全を期したのである。

60 八寸釘の絵馬を奉納する京都の寺とは？

願いごとを書いて神社仏閣に奉納するのが絵馬。もともとは神社に馬を奉納していたものだが、やがて馬の絵を薄い板に描いたものに変わったという。馬だけでなく、十二支や鳥や植物、山などの絵柄も見られるようだ。

その絵馬に、必ず釘抜きと八寸釘がついている、不思議な寺院がある。京都市上《かみ》京《ぎょう》区《く》の浄土宗《じょうどしゅう》石像寺《しゃくぞうじ》である。「釘抜地蔵《くぎぬきじぞう》」と呼ばれて親しまれている名刹《めいさつ》で、正式には家隆山《かりゅうざん》光明遍照院《こうみょうへんじょういん》石像寺という。本尊の地蔵菩薩《ぼさつ》は、開基した空海《くうかい》が唐《とう》から持ち帰った石を刻んだものとされている。

もともとは「苦労を抜く」ことから「苦抜《くぬき》地蔵」と呼ばれていたが、のちに「釘抜地蔵」となった。それについては、こんな話が残されている。

戦国時代の弘治《こうじ》二年（一五五六）、堀川上長者町《ほりかわかみちょうじゃまち》に紀伊国屋《きのくにや》道林《どうりん》という商人がいた。それまで病気ひとつしなかった道林だが、四十歳を過ぎたある日、両腕に激痛が走った。財産があったため、名医と呼ばれる医者を呼んで診察を受けたが、どの医者も「手の施《ほどこ》しようがない」と、さじを投げた。

そのとき、知り合いの商人から「千本通《せんぼんどおり》のお地蔵様にお参りするといい」と聞いたのである。神仏にでもすがりたい思いの道林は、お地蔵様に「七日間通って山入りしますので、どうぞ、この痛みを治してください」と願掛けをする。

満願となる七日目。道林の枕元に、お地蔵様が現れて告げた。

「お前の腕の痛みは病気ではない。お前は前世で人を恨み、人形《ひとがた》をつくり、その両腕に八寸釘を打ち込んで苦しめた。腕の痛みはその報《むく》いである。だが、お前が必死に祈ったので、私がその釘を抜き取ってやろう」

翌朝、目を覚ますと腕の痛みはすっかり消えていた。道林がお地蔵様のもとへ駆けつけると、血だらけの八寸釘が落ちていたという。そのお地蔵様を祀る寺こそが石像寺なのである。

その後、道林は百日間のお礼参りだけでなく、雨ざらしだったお地蔵様のために地蔵堂を建てたという。

61　難工事の哀しい人身御供「人柱」とは？

人身御供《ひとみごくう》という哀しい風習のひとつに挙げられるのが、「人柱《ひとばしら》」である。架橋《かきょう》、築堤《ちくてい》、築城《ちくじょう》などの難工事の折に、生きた人間を水底に沈めたり、土の中に埋めて神に捧《ささ》げ、加護を祈ったのである。こうした風習は世界各地で見られたようだが、日本では築城秘話として伝わるものが多い。その代表例を紹介してみよう。

日本でも指折りの美しさを誇る湖が、島根県松江市の宍道湖《しんじ》だ。そのほとりに緑でおおわれた城山《じょうざん》がある。山頂にそびえるのは天下の名城として名高い松江城だ。

松江城は、関ケ原《せきがはら》の合戦で息子の堀尾忠氏《ほりおただうじ》が軍功をたて、出雲《いずも》・隠岐《おき》二ヵ国二十四万石を受けた堀尾吉晴《よしはる》の築城である。

ところが、城山（当時は亀田山《かめだ》）は予想外の難地であり、石垣を積み上げたと思うと、ちょっとした雨風でも崩れ落ちてしまったという。

そこで堀尾吉晴は家臣の進言に従い、人柱を建てることを決心する。人柱は美貌の処女を選ばねばならないが、家臣の一人が名案を思いついた。

盆踊りを開き、踊りの輪の中からこれという娘を選べばよいというのである。こうして盆踊りが開かれ、踊りの輪の中から若き美女が数人、選ばれた。やがて家臣が名前などを聞き、そのうちの一人が小鶴《こつる》と名乗ると、吉晴にこう勧めたのである。

「亀田山に供えるのでございますから、小鶴という名の娘がよろしいかと。鶴亀とめでた尽くしになるのでございます」

こうして騙《だま》しうちのような形で人柱にされた小鶴は成仏《じょうぶつ》できず、その霊が天守《てんしゅ》に棲《す》みついてしまった。そして姿を見た者に「この城は私のもの」と言ったという。小鶴の祟りか、後継者のいない堀尾家は断絶。その後に入封《にゅうほう》した京極《きょうごく》氏も子に恵まれず、領地没収。こうして寛永《かんえい》十五年（一六三八）、信濃《しなの》松本の城主だった松平直政《まつだいらなおまさ》が松江城主となったのである。

人柱の話を聞いた直政は、「小鶴の霊は哀れじゃ」と、宍道湖でとれるコノシロのなかでもいちばん立派なものを天守に供えた。すると、ぷっつりと小鶴の霊は現れなくなったという。以後、歴代の城主はコノシロを天守に供えるのが習慣となったと伝えられている。

このような人柱伝説は、飛騨高山の松倉《まつくら》城や福井県の丸岡《まるおか》城、滋賀県の長浜《ながはま》城などにも伝えられている。大分県の日出《ひじ》城では、昭和三十五年（一九六〇）の遊歩道整備の際、城跡から人柱らしい老武士の骨が発見された。木桶《きおけ》の中に陶製の翁像などと一緒に入れられており、「人柱祠《ひとばしらのほこら》」として祀られている。

ちなみに、宍道湖と中海《なかのうみ》をつなぐ大橋川にかかる松江大橋、ここにも人柱が供えられているという。ここは橋脚《きようきやく》が建ちにくく、足軽を人柱に立て、ようやく橋を築いたとされている。

62 弁天様に恋人と詣でると別れるのか？

「恋人と井《い》の頭《がしら》公園でボートに乗ると別れる」「江ノ島デートをしたカップルは別れる」。こんな都市伝説がある。その根拠となっているのが、どちらも弁天様《べんてんさま》が祀られており、弁天様は恋する二人を嫉妬《しっと》心から別れさせるという他愛《たわい》のないものだ。

たしかに、弁天様はもともとヒンドゥー教の女神で、仏教に取り込まれて弁才天《べんざいてん》という呼び名になった。日本では神道にも取り込まれ、七福神のメンバーにもなっている。嫉妬深いどころか、弁才天の「弁」には「わきまえる」という意味がある。

日本三大弁天として「竹生島《ちくぶじま》・宝厳寺《ほうごんじ》竹生島神社（滋賀県）」「厳島《いつくしま》・大願寺《だいがんじ》（広島県）」「江ノ島・江島《えのしま》神社（神奈川県）」があげられるが、日本各地に弁天様を祀った神社仏閣があり、その多くが観光地・デートスポットとされる。

その地を訪れる恋人たちは多数にのぼるので、そのなかに「別れるカップル」がいても、格別おかしくはないだろう。

63 安珍・清姫伝説の「恨みの鐘」とは？

京都市左京区の妙満寺《みょうまんじ》といえば、知る人ぞ知る枝垂桜《しだれざくら》の名所であり、ライトアップされた景色はまさに幻想的である。

また江戸時代前期の俳人であり、俳諧の祖と称せられる松永貞徳《まつながていとく》が造営したとされる枯山水《かれさんすい》の庭がある。貞徳の流れを汲《く》む俳人には松尾芭蕉《まつおばしょう》や与謝蕪村《よさぶそん》がおり、俳句の聖地といえるかもしれない。

だが、一方で同寺には「恨みの鐘」が安置され、例年、春になるとその供養《くよう》が行われるという一面ももつ。

その伝承こそ、有名な「安珍《あんちん》・清姫《きよひめ》」の物語である。

話は平安時代、奥州《おうしゅう》から熊野詣《くまのもうで》にきた安珍という僧が、旅の途中で紀伊国《きいのくに》・庄司清次《しょうじきよつぐ》の館《やかた》を一夜の宿にするところから始まる。安珍はたいそうな美男で、清次の娘・清姫が一目ぼれ。安珍は修行中の身だったので、「熊野詣の帰りに寄りますから」と清姫に言い残して出立《しゅったつ》する。

その言葉を信じておとなしく待っていた清姫だったが、安珍は帰途、素通りして去ってしまった。

それに気がついた清姫は激怒し、必死に追いかけた。日高川《ひだかがわ》にさしかかったときには蛇に姿を変えて安珍を追うという恐ろしさだ。

身の危険を察した安珍は、紀伊国の道成寺《どうじょうじ》に身を寄せて寺の鐘に隠れるが、蛇と化した清姫に見つかってしまう。姫の怒りは鎮まらず、蛇の姿のまま鐘に巻きつき、鐘もろとも安珍を焼き尽くすのである。

怒りに任せて安珍を殺した清姫だったが、変わり果てた安珍の姿を見て嘆き悲しみ、日高川に身を投げ、自ら命を絶った。

だが、この話はまだ続く。およそ四百年後に道成寺の鐘が新造され、その祝いの席のことである。

一人の白拍子《しらびょうし》が突然現れ、鐘に近づいたかと思うと、姿を蛇に変えて鐘を引きずりおろし、そのなかに姿を消してしまうのだ。

祝いの席は大騒ぎとなったが、その後、鐘は改めて吊り下げられた。ところが、その音がよくないうえに、鐘の音《ね》が届く近隣で疫病がはやったり、災厄《さいやく》にみまわれたりという事態が続出。そのせいで、鐘は山中に捨てられてしまう。

それからさらに二百年あまりの時を経て、この鐘を見つけ出したのが豊臣秀吉《とよとみひでよし》の家臣・仙石秀久《せんごくひでひさ》である。これを戦《いくさ》の合図の鐘として使おうとしたが、音が悪いだけでなく、兵たちに禍《わざわい》が起きる始末で、ついに、妙満寺に寄進されることになった。

寄進を受けた日殷大僧正《にちいんだいそうじょう》はさすがに名僧だけあって、安珍と清姫を供養して強い怨念を解くと、鐘の音はそれまでとは打って変わって美しいものになったという。

「安珍と清姫の伝説」については、歌舞伎や舞台などの芸能に詳しい方ならご存じだろう。

中国の民話『白蛇伝《はくじゃでん》』に代表されるように、インド、韓国には、これに類似した伝説が残され、上田秋成《うえだあきなり》が書いた怪談集『雨月物語《うげつ》』にも、同様の話を骨格とした「蛇《じゃ》性《せい》の淫《いん》」がある。また、泉鏡花《いずみきょうか》の名作『高野聖《こうやひじり》』も、同様のテーマを小説化したものと考えられる。

64 八雲が伝えた「幽霊滝」のタブーとは?

日本をこよなく愛した小泉八雲《こいずみやくも》は、新聞記者、紀行文作家、随筆家、小説家、日本研究家、日本民俗学者といくつもの顔をもつ。ギリシャ生まれで、もともとの名はパトリック・ラフカディオ・ハーン。代表作の『怪談』には、「耳なし芳一《ほういち》のはなし」「むじな」「ろくろ首」「雪女」「葬られた秘密」「食人鬼」などが収録されている。

八雲の短編集内の作品「幽霊滝の伝説」は、「黒滝」あるいは「竜王滝」と呼ばれる実在する滝が舞台となっている。滝の近くには滝山《たきさん》神社がある。さらに、竜王滝には「二歳にならない赤児を連れて滝に来てはいけない」というタブーもあるのだ。

小泉八雲が伝えた「幽霊滝の伝説」とは次のような話だ。

鳥取県の黒坂に小さな麻《あさ》つみ場があった。ある冬の夜のこと、数人の女が集まり、囲炉裏《いろり》を囲んで怪談話に興《きょう》じていた。そのうちに、肝試《きもだめ》しに山の中にある幽霊滝に行って賽銭箱《さいせんばこ》を持ってこようとなった。とはいえ誰もが尻込みして「私が行く」と言う女は出てこない。そこで賽銭箱を持ってきた者には、今日取れた麻をすべて渡すことになった。

すると、お勝《かつ》という気の強い女が名乗りをあげたのだ。

お勝は赤児を半纏《はんてん》にくるんで背に負うと、幽霊滝へと向かった。凍《こご》える夜空の下、山道を歩いて幽霊滝までやってくると、真っ暗な中にかすかに賽銭箱が見える。

賽銭箱に手を伸ばすと「おい、お勝さん！」という声が滝壺の中から響いた。お勝はおびえながらも賽銭箱を抱《かか》えた。するとまた、どこからともなく「おい、お勝さん！」と強く咎《とが》めるような声が響くではないか。

お勝は箱を抱えたままで、後も見ずに走り、暗い道を駆けに駆けて麻つみ場まで戻った。そして、賽銭箱を女たちに得意げに見せ、幽霊滝での奇怪な出来事を話すと、お勝の勇気をたたえる声があがった。

だが、ほっとしたお勝が赤児に乳をやろうと半纏を解くと、中から血まみれになった赤児の身体が転がり出た。赤児の首はもぎ取られていたという。

65 花嫁行列が避ける「縁切り榎」とは？

中山道《なかせんどう》六十九次のうち、お江戸日本橋から数えて一番目の宿として発展してきたのが板橋宿である。

ここはまた、川越《かわごえ》街道の起点でもあり、東海道の品川宿、甲州街道の内藤新宿《ないとうしんじゅく》、奥州街道・日光街道の千住宿《せんじゅ》とともに、「江戸四宿《ししゅく》」のひとつに数えられている。

さて、板橋宿で街道の目印として植えられていたのが榎《えのき》の大木だった。樹齢数百年というもので、当時は枝が街道をおおうほどに茂っていたとか。

しかも、なんとこの榎はただの目印ではなく、「縁切り榎」と呼ばれる不吉な木とされていたのである。

古来、「この木の下を、嫁入りや婿《むこ》入りの行列が通ると、必ず不縁となる」と信じられていた。だが、この言い伝えは、自分から離婚ができなかった時代の女にとっては救いでもあった。夫と縁を切りたいと願う女たちは、縁切り榎を頼りにしたのである。榎にさわったり、樹皮を茶や酒に混ぜて飲むと、縁切りの願いが叶《かな》えられると信じられていたようだ。

もちろん、添い遂げたいと願う女には「避けるべき場所」である。

文久《ぶんきゅう》元年（一八六一）、徳川将軍家へ降嫁《こうか》する皇女《こうじょ》和宮《かずのみや》の一行は、板橋本陣に入るときに、この地を避けて通ったという。

盛大な行列が縁切り榎を敬遠し、迂回路を使ったとされるが、その迂回路は事前に道普請《みちぶしん》がなされていたと伝えられている。

「縁切り榎」の存在は、庶民の間でも広く知られていたが、人の口を経《へ》れば「尾ひれ」がつくのはいつの時代も同じ。縁切り榎の「効能」についても、「悪縁は切ってくれるが、良縁は結んでくれる」というように変化しているらしい。

現在の榎は三代目の若木。実は植えられている場所は道路の反対側に移動している。だが、いまだに「縁切り榎信仰」は残っているようだ。

66　魔除けの鬼瓦と猿の像とは？

「シャチホコ」といえば、名古屋城の「金のシャチホコ」が有名だ。一見、魚に見えるが、頭は龍のようで、尾を高く反《そ》り返らせている。これは想像上の生きもので、水を呼ぶとされることから火除けとして天守に置かれた。

日本家屋の瓦屋根で、両端につけられているのが鬼瓦。なぜ、恐ろしい形相《ぎょうそう》をした代物《しろもの》を、しかも、よりによっていちばん目立つところにしつらえるのだろうか。

その答えは「魔除け」である。

本来の魔除けは、鬼門とされる艮《うしとら》（丑寅）の方角、つまり北東に向けて、あるいは裏鬼門である坤《ひつじさる》（未申）の方角、つまり南西に向けたいところ。だが、敷地や日当たりを考えれば、そうそう思いどおりにはいかない。そこで、屋根の両端の目立つ位置に鬼瓦を据《す》えて魔除けとしたわけである。

さて、鬼門封じの話としてよく取りあげられるのは、京都の東北に位置し、皇城《おうじょう》表鬼門を名乗る赤山禅院《せきざんぜんいん》だろう。

本尊として祀られているのは泰山府君《たいざんふくん》という神。人間の生死を司《つかさど》ると同時に、死者の生前の行いによって魂の行き先を決める神だという。地獄の主神・冥界《めいかい》の総帥《そうすい》として恐れられる閻魔《えんま》王（閻魔様）の部下的な存在のようだ。

ところで、赤山禅院の拝殿の屋根には不思議なものがある。猿の像である。お祓いの幣串《へいぐし》と神鈴《しんれい》を持った猿の像は、京都御所の鬼門を守り、邪気が御所に侵入するのを防ぐため、比叡山延暦寺の鎮護社・日吉大社（滋賀県大津市）から遣《つか》わされたものとされる。日吉大社は猿を神の使いの「神猿《まさる》」としてきた。つまり、神の化身《けしん》が御所を守っているのである。

しかも、猿が見つめているのは、京都御所の東北の角、「猿ケ辻《さるがつじ》」の屋根裏に置かれた猿の像だという。

この猿ヶ辻の猿も日吉大社から遣わされたもので、白い御幣《ごへい》を担《かつ》いで京都御所の鬼門を守っているのである。そして、魔物が御所に侵入したときは、赤山禅院の猿とともに叫び声をあげて知らせるとされる。

67 「投げ込み寺」の哀しい歴史とは？

明暦《めいれき》元年（一六五五）に創建された東京三ノ輪《みのわ》の浄閑寺《じょうかんじ》。「投げ込み寺」という異《い》名《みょう》で知られているが、それには、悲しい歴史がある。

江戸には「吉原《よしわら》」という遊郭があった。もともとは日本橋にあったが、明暦の大火のあと、浅草山谷《さんや》に移転。現在の台東区千束《せんぞく》のあたりで、「新吉原」と呼ばれたその地域からほど近い場所にあったのがこの寺なのだ。

多くの遊女を擁《よう》する幕府公認の吉原遊郭は、男性にとっての歓楽街だが、そこで働く女性たちにとっては「苦界《くがい》」である。さまざまな事情で身を投じた女性たちは、どれだけ働いても苦界から逃れることができず、健康を害してこの世を去る女性も少なくなかった。そして投げ込まれた先が浄閑寺だったのである。「生れては苦界　死しては浄閑寺」という句が残るが、哀しい運命を嘆く女性も多かっただろう。

68 はだか祭の起源は生贄の旅人だった？

「主役は裸の男たち」という祭りが全国各地にある。そのなかで、まさに奇祭といえそうなのが愛知県稲沢市《いなざわし》の尾張大國霊神社《おわりおおくにたま》の「国府宮《こうのみや》はだか祭」で、旧暦の正月十三日に行われている。

だが、かけ声が威勢よく飛び交うわけでもなく、そろって神輿《みこし》を担ぐわけでも山車《だし》を引くわけでもない。それでいて、ふんどし・白足袋《しろたび》姿の男たちが尾張《おわり》一帯から集まってくるのだ。

男たちは、地域ごとのグループで祭りに参加するのだが、参加できなかった人たちの願いを込めた儺追布《なおいぎれ》を結んだなおい笹《ざさ》を担《かつ》いで境内に駆け込み、国府宮拝殿に奉納する。ここから、祭りは始まる。

奉納を済ませた裸の男たちは、境内《けいだい》で「神男《しんおとこ》」と呼ばれる「儺負人《なおいにん》」を待つ。その儺負人を選ぶのも神事のひとつで、神籤《みくじ》によって決められた儺負人には神男の証《あかし》である差定符《さしさだめふ》が授けられる。

しかし、神男よりも先に登場するのが「手桶《ておけ》隊」と呼ばれる一団だ。神男を待つ裸の男たちに水をかける役割がある。

厳寒の中である。水をかけられた裸の男たちが怯《ひる》むすきに神男が現れ、いわばゴールである儺追殿を目指す。しかし、神男に触れると厄落としになると信じられていて、大勢の裸の男たちが神男めがけて殺到、押し合いへし合いになる。

もみくちゃにされながらも神男が儺追殿におさまったところで、この神事は一段落となる。

ただし、これで「終わり」ではない。神男は「多くの災厄を撞《つ》き込んだ土餅《どべい》」を背負わされ、境内を追い出される。神男は餅を捨てることで厄払いとなり完結となる。

現在は志願者を募《つの》り、その中から選ばれる「神男」だが、日本中世史の研究家である東京大学史料編纂所《へんさんじょ》の本郷和人《ほんごうかずと》教授は、実は「神男とは『生贄《いけにえ》』だったのではないか。そして、地元民の中からではなく、その地を訪れた旅人を『生贄』としたのではないか」としている。

民俗学者折口信夫《おりくちしのぶ》の説にも「まれびと」信仰というものがある。「客人」と書いて

「まれびと」と読む。もちろん、よその土地から訪れた旅人のこと。

地元の人たちにとっては、見知らぬ旅人というだけで「神のような存在」とされたらしい。訪れた旅人を生贄としたのは「毒をもって毒を制する」ではないが「神に神を捧げる」という構図だったのかもしれない。

そう考えると、神男が現れる前に、裸の男たちがかけられる水は、大雨や台風などの自然災害の象徴のようにも思える。自然災害が神の怒りと信じられていたのは珍しい話ではない。

そして、「神男」は「生贄を差し出さなければ」と考えていた人々の前に現れた旅人というわけだ。

大勢の地元民が、旅人を捕らえようとすれば、旅人は、つかまってなるものかと逃げる。その様子はまさに、はだか祭の最高の見せ場である。

ちなみに、もともとは「厄落とし」で、江戸時代以前には厄年の男だけが参加できた祭りだったそうだ。また、祭りでの「もみあい」は江戸時代の末期から始まったものと伝えられている。

69　茶室のにじり口は命を守るためだった？

茶事を行うための独立した部屋や建物を茶室という。多くの茶室は狭いうえに、にじり口と呼ばれる出入り口が小さくなっていることをご存じだろうか。その設計者が、実は千利休《せんのりきゅう》である。わび茶の完成者として知られる千利休は、戦国時代から安土桃山時代にかけて活躍した茶人で、豊臣秀吉の側近という一面ももつ。

さて、現存する日本最古の茶室は京都府にある国宝の待庵《たいあん》で、現在一般的になっているにじり口のある茶室の原型とされている。にじり口の由来としては、「上位の者でも頭を下げなくては入れない」などとされるが、別の理由も隠されていたようだ。

利休は、「茶室のような狭い空間で、刀を振りまわされたら逃げようがない」と考えた。そこで茶室の外に刀掛けを設け、丸腰でなければ茶室に入れないようにしたという。万が一、懐《ふところ》に小刀をしのばせても、にじり口から入るときには邪魔になる。にじり口は、命を守るための方策とも考えられるのである。

第6章

山や村の知られざる風習とは？

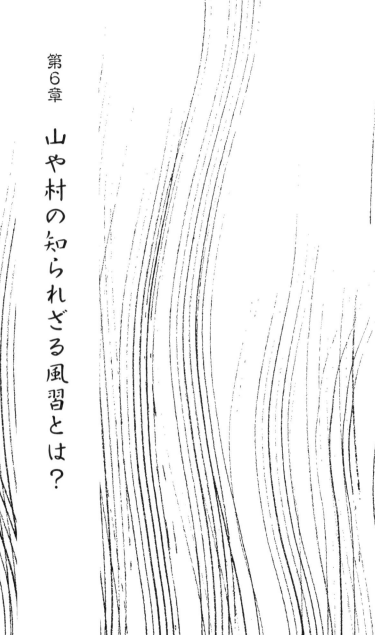

70 山で本名を呼んではならない？

多くの参拝者が訪れる神社仏閣がある一方で、何時間もかけて山道を登り、ようやく拝むことができる森閑《しんかん》とした神社仏閣も少なくない。また、山そのものがご神体になっている、いわゆる「霊峰《れいほう》」「霊山」と呼ばれる山も各地にある。

「日本三霊山」とされる富士山（静岡県・山梨県）、立山《たてやま》（富山県）、白山《はくさん》（石川県・岐阜県）は、その代表だろう。この三山に大峰山《おおみねやま》（奈良県）、釈迦ヶ岳《しやかがたけ》（奈良県）、大山《だいせん》（鳥取県）、石鎚山《いしづちやま》（愛媛県）を加えて「日本七霊山」と呼ばれることもある。

山は神のいる場所という考え方からすれば、さまざまな掟《おきて》が生まれるのも当然で、たとえば「山の中に鋸《のこぎり》や斧《おの》を置いて帰るときは、刃物に覆《おお》いをせねばならない」というのもそのひとつ。山の神様は光る物を嫌うと信じられているのが理由のようだ。

山には神がいると信じられた一方で、「山には物《もの》の怪《け》がいる」という考え方も広まった。そこで生まれたタブーのひとつが「山では本名で呼び合ってはいけない」であり、屋号や愛称で呼ぶのがならわしとされた。

本名を呼び合うと、物の怪に名前を知られてしまう。すると、里に戻った人を、物の怪が訪ねて、山奥に連れ去ってしまう。連れ去られた人は、二度と里に戻ってくることはないと言い伝えられているのだ。

「山で口笛を吹くな」というタブーもある。山の神が嫌う音だからともされるが、実は、いまのように携帯電話がなかった時代に、山中で緊急事態を知らせる方法が口笛だった。つまり口笛は「ＳＯＳ」だったわけで、やたらと吹くことはタブーとされていたのである。

71 「神様の日」は入山禁止？

山林の木を切り出す木こりや、炭焼きを生業《なりわい》にする、いわば「山の民」にとって、山の神は、自分たちの仕事場としての山を守ってくれるありがたい存在である。マタギなどの猟師に至っては命がけの仕事であり、山の神に、生命そのものを守ってもらっているといえるだろう。

当然、神様に対する畏敬《いけい》の念を抱き、禁忌《きんき》とされることには一切手を出さない。そのひとつが「山の神の日には山に入らない」というもの。

たとえば、ある山では「十二月十二日は、山の神が木を数える日」とされ、その日は山に近づかない。もしも禁忌を破り山に入ると「樹木の下敷きになって死ぬ」「木の一本として数えられ、山から出られなくなる」と信じられている。

現在でも東北地方や北海道で、十二月十二日には山林での作業を自粛している林業関係者は少なくないようだ。また、森林組合などによっては、この日に祈願祭を行ったり、時節柄の忘年会などにあてることで、関係者が山に近づかないようにしているそうだ。

長野県には「十二月三十一日には山に入らない」という掟がある。この日に山に入ると、どこからか「ミソカヨー」という声が聞こえてくる。声のする方向を確かめようとしても、身体がまったく動かなくなってしまうという言い伝えがある。冬山で身体が動かなくなってしまうのは、すなわち「死」を意味しているといっていい。

その一方で、山の神は不思議な力ももっている。「山の神は十二様ともいい、一年に十二人の子どもを生む」と信じられており、つまりは「生殖能力の強い女性の神様」として崇《あが》められているというわけだ。

ちなみに、自分の奥さんを「うちには恐ろしい山の神がいて……」と話す恐妻家《きょうさいか》がいるが、これも「強くて、たくましい女性の神様の姿」を奥さんに投影させたもの。また、「奥さん＝おかみさん」と「神」とをかけたダジャレでもある。

72　山に鏡を持ち込んではならない？

山には物の怪が棲《す》むといわれるが、実は人間の目には、直接見えていないことが多いとされる。たとえば夏の夜の風物詩である花火は、肉眼で夜空に咲いた素晴らしい大輪の花を眺《なが》めることができる。これは人の目が「残像」を見る機能をもっているためだ。ところが、カメラで見事な花火を撮っても、煙ばかりが目立って、肉眼で見たときとはかなり異なるものになることが多い。

鏡も同様で、人の目がとらえていないものを映《うつ》し出す。鏡によっては、あらぬものを映し出すこともある。物の怪が映ってしまうこともあるというわけだ。

昼間なのに、鏡に映る背景が真っ暗闇だったりすることがある。そして、そのあとによくないことが起こる。それを目にした人が行方《ゆくえ》不明になったり、死んだり。つまり、鏡に映った魔界に連れ去られてしまうのである。

73　マタギが避ける「忌み数」とは？

日本人の多くが、「死」を連想させる「四」や「苦」を思い起こさせる「九」といった数字を嫌う。病院でも「第四診察室」や入院病棟の「九号室」が欠番となっているケースは少なくない。

命がけで狩猟《しゅりょう》をしているマタギたちも「四」や「九」といった数字を敬遠する。

マタギは、漢字では「又鬼」「猅」などと表記されるが、その語源には諸説あり、たとえば東北地方の言葉で「猟師」を表す「ヤマダチ（山立）」に由来するというものがある。

マタギの歴史は平安時代にまでさかのぼり、北海道、東北から北関東、甲信越にかけての山岳地帯で、集団で、クマやニホンザル、ウサギなどを伝統的な狩猟法で獲物としている。秋田県の「阿仁《あに》マタギ」は、その代表といえるかもしれない。

マタギは、たとえばたまたま四人連れで山道を歩くようなときは、人形を一体同行させて「五人の装《よそお》い」で歩いたりする。もともと四人になる予定がなかったときは、軍手を使って「人形もどき」をつくってまで四人でいることを避けるという。

マタギにとって、「十二」もまた、敬遠される数字だ。

その理由は、山の神が「十二神」とも呼ばれる存在であるためだ。つまり「十二」は山の神の数字であり、マタギに熊を仕留めさせてくれたり、安全な狩猟暮らしを守ってくれたりする神様の数字であるため、自分たちが使うことは畏《おそ》れ多いと考えられていたのである。

山の神は女性で、「十二人の子どもがいる」とか「一年に十二人の子どもを生んだ」などとも信じられており、その神通力に敬意を払っていたものだろう。

ちなみに、山の神はやきもち焼きで、美しい女性を嫌う。そのためか、見た目が美しくない魚の「オコゼ」がお気に入りらしい。そこで、地方によってはオコゼを干物にして奉納する習慣もある。

74　安全を神に祈願する「鉞立て」とは？

「鉞」という漢字を初めて見たという読者も多いだろう。この一文字で「まさかり」と読む。「まさかり」と聞けば、坂田金時《さかたのきんとき》がモデルと伝えられる昔話の「金太郎」を思い浮かべる人も少なくないはず。

さて、樹木を伐採《ばっさい》する前に、マサカリを木に打ち込む儀式を「鉞立て」と呼ぶ。山の神に作業中の安全を祈願するとともに、山の恵みである樹木を切り出す感謝を表すものだ。

こうした感謝を忘れて勝手な振る舞いをした輩《やから》が大ケガをしたり、木の下敷きになるなど、災難を受けたことが始まりになったのだろう。

ルーツは、木こりの風習だったとも、山の神にお祈りするとき、マサカリの置き場として木に打ち込んだものとも伝えられている。

75 なぜカミナリさまはヘソをとるのか?

気象学が発達し、現在ではさまざまな気象状況で雷が発生することがわかっている。たとえば「熱雷《ねつらい》」は夏に、雷雲などの激しい上昇気流のあるところに発生する。また「界雷《かいらい》」は、四季を通じて寒冷前線に沿って発生する。さらに、低気圧の域内や台風の中で発生するものが「渦雷《からい》」である。いずれにしても「雷は、雷雲の発生によって起こる」というのが共通点だ。

科学で解明される以前は、雷は神の怒りとされていた。すなわち「神鳴り」である。稲光が走り、大きな音がして、時として落雷すれば火事を引き起こす。

豪雨にしても、台風、地震にしても、あるいは大雪にしても、自然災害はどれも恐ろしいものだが、とりわけ雷のすさまじさは、その正体を知らない人たちにとっては恐怖以外の何ものでもなかっただろう。そこで人々は、畏敬の念をもって雷を「雷神」として祀《まつ》り、崇《あが》めたのである。

雷は四季を問わず発生するものだが、幼い子どもたちに向かって、大人たちが決まっていう台詞《せりふ》が「おヘソを出していると、カミナリさまにおヘソをとられるよ」というもの。

子どもたちからすれば、稲光も雷鳴も、そしてカミナリさまも怖いが、おヘソをとられるのはもっと怖い。そこで、あわててお腹《なか》をおおうわけだが、もちろんカミナリさまがおヘソをとりにくることはない。

だが、夏の夕暮れ、それまで暑かった一日が暮れようとしているときに夕立があると、気温は急激に下がり、体温を奪われる。その結果、腹部を露出させていた子どもはお腹を冷やして、体調を崩しやすい。そこでお腹をこわさないように注意するために、大人は子どもに「おヘソをとられるぞ」と言うわけだ。

ただし、こんな話もある。

雲の上にいると信じられているカミナリさまだが、土俗信仰では鬼や河童《かっぱ》に姿を変えるともいわれる。そして「河童は、無防備な人の臍《へそ》から体に侵入して、悪さをする」という。つまり、河童を寄せつけないためにヘソを守る必要があるとも信じられたのではないか。

76　なぜへその緒をお守りにしたのか？

赤ちゃんと母親との絆が「へその緒《お》」。胎内《たいない》にいるときから、オギャアとこの世に生まれてくるまで、十月十日《とつきとおか》の間、つながれていた大切なもので、桐《きり》の箱などにおさめられ、母子に渡されるのが慣習だ。

その昔、漁師のなかには、このへその緒をお守りとして持っていた人が少なくなかったという。もちろん、近代的な装備の大型漁船の話ではない。「板子《いたご》一枚下は地獄」といわれた小さな和船で海に出た漁師たちの話だ。

だがレーダーを備え、通信機器があり、もちろんコンピュータも積んでいる最新型の船舶でも、海難事故は起きる。経験豊富な船乗りの技術をもってしても、また、どれほど優れた機器を駆使しても、やはり事故が起きてしまうのが海の恐ろしさというものだろう。

漁師たちが「へその緒」をお守りにしたのは、万が一遭難しても、母親のことを思い、「どんなことがあっても生き抜いてやる」という気持ちを高めるためとされる。

同時にまた、「死」と対極にある「誕生したときのへその緒」が、つまり母親との絆が手元にあることで、自分の身を必ず守ってくれると信じたためだろう。

このようなへその緒がもつ不思議な力は、漁師や船乗りのためだけではなさそうだ。というのも、かつては一般でも「大病をしたらへその緒を煎《せん》じて飲むと治る」などと信じられていたのである。

さらには、「ここ一番の大勝負では、へその緒を身につけるといい」「おねしょが治らない子の枕元におくと効果がある」などというものまである。こうなると、「万能薬というよりも信心」に近いものかもしれない。それだけ母親の子どもに対する思いは強いということだろうか。

すでに第二次世界大戦から七十三年の年月が経っているが、当時、戦地に向かう兵士の中には「へその緒をお守りとして持っていた」という若者も多かったらしい。「万が一、戦死することになっても、母の元に帰ってくる」という哀しい願いが込められていたという。

77　サメよけにフンドシを流すのはなぜか？

サメは目が悪いため、獲物に近づくと、大きさを計ったうえで食いつく。そのために、自分より大きいものは襲わないという習性がある。

この習性を知っていた日本海軍では、サメよけのため兵士たちに「赤フン（赤いフンドシ）」をつけさせた。海に落ちたとき、兵士たちは慌《あわ》てずフンドシを伸ばして尻から流すようにして泳いだのである。

この長さのものが海の中を漂《ただよ》っていれば、サメには「自分より大きな敵」に見えるはずで、サメは人を襲うことなく退散する。そのため、フンドシは短い尺の越中《えっちゅう》褌《ふんどし》ではなく、いわゆる六尺《ろくしゃく》褌が好まれた。六尺はセンチでいうと、およそ一八〇センチである。

日本海軍だけではなく、太平洋戦争時に南方へと遠征する陸軍兵士にも軍医が「赤フン」を身につけるように教えたというから、あながち迷信でもなかったようだ（明治の徴兵制の施行以降、新参兵には白い越中褌が支給されるなど、陸軍の兵士は普段、「白いフンドシ」を使用していた）。

ちなみに、日本では昔からサメとワニが混同されている。『古事記』にも登場する「因幡《いなば》の白兎《しろうさぎ》」。白うさぎが島から因幡国までワニをずらりと並べ、その背中を渡るシーンが出てくる。この「ワニ」は、アリゲーターやクロコダイルのような、いわゆる「ワニ」ではなく、「サメ」である。物語の舞台となった山陰地方では、大型のサメをワニと呼んでいたのである。

78 「村八分」はなぜ「八分」なのか？

かつての日本は農業、漁業が産業の中心だった。そうした時代には個々の家だけでなく、村落がひとつにまとまって共同体として作業を行うことが効率的だった。いわゆる「ムラ社会」である。

ムラ社会では、そのなかで守るべきルールやマナーも当然、生まれてくるわけで、ときには公的な「法」よりも優先されるケースもあったという。

ムラ社会の掟を破ったり、秩序を乱したりした人や家に対する制裁は「村八分《むらはちぶ》」と呼ばれる。ムラ社会における「仲間はずれ」であり、その家や家人に対しての「無視」である。

なぜ「八分」なのだろうか。それは、ムラ社会で行われている十の共同作業のうち、「二つ」を除いたすべてが絶交状態になるからである。

江戸幕府が出した「御定書《おさだめがき》百箇条」という法典には、「誕生、成人、結婚、死亡、法事、火事、水害、病気、旅立ち、普請」という人間同士のつき合いの基本十条があり、これが村落のなかに定着していた。

そして、村八分でも除外された二つが、このなかの葬式と火事である。

土葬だった時代に、死体を放置してしまうと疫病の原因になるため、葬式については手を貸す。また、亡くなった人に対しては恨みをもたず、死者の霊を弔《とむら》うという、いわば人道的な考えに基づいたものともいえるだろう。

もうひとつは火事が起きたときの消火である。火の勢いが増して、周囲の家に延《えん》焼《しょう》すれば一大事である。それを食い止めるためには、消火に参加しないわけにはいかないという現実的な話だ。

それ以外の八つについては、地域や時代によって異なるが、一般的に伝えられているのは「成人式」「結婚式」「出産」「病気の世話」「新改築の手伝い」「水害時の世話」「年忌法要」「旅行」など。

その家だけでなんとか対応できたり、村に大きな影響がなかったりする行事で、村八分によって孤立することはあっても、人命にかかわるものではない。だが精神的に追い込まれるのは否定できないから、厳しい制裁といえるだろう。

79 「山で弁当を食べきるな」の理由とは?

昨今は老若男女を問わず登山ブームである。いや、ブームを通り越して定着したといえるかもしれない。だがその一方で、山の遭難事故も増えている。

救助されて「天気が急変して身動きがとれず、余分な食料も持っていませんでした」とか「ポケットに残っていたチョコレートを分け合って、飢えをしのぎました」などと話す人もいるが、山を知る人からすれば、「馬鹿を言うな」のひと言である。

昔から「登山に持って行く食料（弁当にしろ、おにぎりにしろ）は食べきってはいけない」といわれてきたからだ。

その理由はふたつ。ひとつは満腹になるまで食べると動きが鈍くなること。もうひとつは、天候の急変に備えて食料は「常に残しておくもの」という知恵である。

山では何が起こるかわからない。いざというときのために、体力も食料も温存しておかなければ命にかかわるのである。

さらに、もっと恐ろしい話もある。それがヒダル神という憑《つ》き物だ。主に西日本に伝わる妖怪で、山道を歩く人間に強い空腹感をもたらす悪霊といわれている。

ヒダル神に憑かれると、尋常でない空腹感と疲労感を覚え、ときには手足がしびれ、動けなくなってしまう。

和歌山県では「大雲取《おおぐもとり》・小雲取《こぐもとり》」と呼ばれる峠で、ヒダル神に遭《あ》ったという話があり、三重県では牛がヒダル神に憑かれたという話も伝わる。

ヒダル神は餓死した人の霊と考えられている。自分が味わった苦しみを他人にも経験させようということらしい。

万が一、ヒダル神に憑かれたときは、すぐに何かを食べれば、身動きがとれなくなることはないとされている。そのためには、山に持参した食料をひと口だけでも残しておく必要があるというわけだ。

ただし、この症状を医学的にみると、どうやら「低血糖症」に近い。つまり、山道を歩くことでブドウ糖が消費され、血糖値が下がった状態になること。低血糖になると、冷や汗が出たり、身体が震えたりする。また、意識はあっても身体が動かなくなることもある。いずれにしても「食べ物を口にする」のが対処法なのである。

80　東北地方に伝わる「おしらさま」と「座敷わらし」とは？

岩手には昔から「おしらさま遊び」が伝えられている。おしらさま（おひらさま）とは、棒の先に馬や娘の顔を付けたものや、頭の部分に布をかぶせた人形のようなもの。

正月、三月、九月の十六日が「おしらさま」の祭日とされ、持ち寄った小豆餅《あずきもち》を供え、共に食べて一年の吉凶を占うのである。

その由来については、各地にさまざまな言い伝えが残されている。

昔、ある長者に一人の美しいお姫様がいた。長者の家には栗毛《くりげ》の名馬がいたが、なんとこの馬が、美しい姫に恋をした。

これに怒った長者は、ただちに馬を殺してしまった。すると姫は深く悲しみ、自害してしまった。つまり、馬と後追い心中を遂げたのである。

二つの霊は昇天すると、翌朝に長者の庭の桑の木に下り、蚕《かいこ》に姿を変えたという。

「おしらさま遊び」は、この霊を慰めるためとされる。

さて、やはり岩手を中心とした東北地方に伝わる「座敷わらし」の話がある。わらしは子どもという意味で、旧家の奥座敷にひそむとされる童形《どうぎょう》の妖怪である。

姿は見えないが、ガタガタ音を立てたり、ふっと空気が動いたりすると、わかるのだという。また、子どもたちが遊んでいると、いつの間にかまぎれこんでいるとか。七人で遊んでいたはずなのに、気がつくと八人に増えていた……といった不思議な話も残されている。

最近はあまり出没しないようだが、旧家の奥座敷にはいまもひそんでいると伝えられている。

ときに農作業を手伝ったりもするので、「福の神」と考えられ、座敷わらしが棲みついた家は栄え、病人も出ないといわれる。

反対に座敷わらしが家から出ていくと、病人が相次ぐなどの不幸が重なり、家運が傾くといわれる。そのために、悪口は厳禁で、座敷わらしの機嫌《きげん》をそこなわないように気をつかったと伝えられている。

81 「姥捨」の風習はなぜ長く続いたのか？

身体が衰《おとろ》え、畑仕事や子守など、満足に家事もできなくなった年寄りを、籠《かご》に入れて山へ捨てる……。そんな残酷な話はヨーロッパで伝えられていて、古代ペルシャにも類話が見られる。そして日本の各地にも「姥捨《うばすて》」や「親捨」の話が残されている。

昔は、山にある葬場《そうじょう》を「オハツセ」と呼んでいた。そこには死んでも往生《おうじょう》できず、山姥《やまんば》となった怨霊がうろついていたとされ、「オハツセ」が「オハステ」「オバステ」となったという説がある。

姥捨の伝説は日本各地、とりわけ耕作地が限られているような山村に見られるが、有名なのが、長野県の姨捨《おばすて》伝説だ。なぜ〝おばすて〟と呼ばれるのかというと、こんな話が伝わるからである。

信濃の更級《さらしな》に、ひとりの男がいた。若いころに親が死んで、おばの手で育てられた。ところが男が妻を娶《めと》ると、妻はおばを疎《うと》ましく思い、ついにはおばを捨ててくれと言うようになったので、男はおばを山へ捨ててしまった。だが、いたたまれなくなった男は、再び山へ行っておばを連れ戻したのである。

このほかにも、類似する伝説はあれこれある。たとえば同じ更級郡にも、別の話が残されている。

「その昔、城主なにがしという者、領内を見回る際には、この村の名主《なぬし》の所へ立ち寄るならいであった。しかし、名主の家には六十歳を越した醜《みにく》い老婆がいて、城主からひどく嫌われていた。そこで名主は、城主の目に触れさせないように努めていたが、ついにその老婆を、月の清い十五夜の晩に、ひそかに山に捨てたという。それから、この山は姥捨て山と呼ばれるようになったのである」（村松定孝『新・日本伝説100選』より）

こうした話を総称して「棄老《きろう》伝説」と呼ぶが、柳田国男《やなぎたくにお》編の『全國昔話記録』にも、福井での「老人の生き埋め」という話が記述されている。

「昔、武生《たけふ》の山里に、一人の孝行息子がおった。当時は、親が六十歳になると、山に穴を掘って埋めねばならぬ規則であった。その息子は親一人に子一人、わけても孝心深い者であったから、親が六十になっても埋めかねていた。それでも規則が許さないので、泣く泣く埋めた。

ところが穴の中から、鈴を振る音がして、七日七夜も続いて聞こえた。息子はいよいよたまりかねて、規則を犯して親を掘り出した。そのことが殿様の耳に聞こえたが、殿様もその孝心に感心して、罪にも問われず、以来、何歳になっても親を捨てることはできぬということになった」

いかがだろう。「親捨」の話は、なんとも生々しい実話で、惨《みじ》めな老後が察せられるではないか。

「棄老」の風習はやがてすたれたのだが、いかに強制されたとはいえ、長く続いた理由は何か。そこに浮かんでくるのは「密告」である。

「親を家で死なせてやりたい」と願って、人目に立たぬように隠し、養っていた家もあったかもしれない。しかし、それを隣人が知ったらどうなるか。

「うちでも、おふくろを山に捨てた。なのに、あの家は親をかくまっている。お上に申しあげねば」と、密告されても、なんら不思議ではない。

このように、お互いに縛りあっていたために、「親捨」は成り立っていたと考えられる。つまり、密告社会を形成する恐怖のシンボルともいえるだろう。

82 魔物が通る道「ナメラスジ」とは？

「ナメラスジ」と呼ばれる不思議な道をご存じだろうか。兵庫県、香川県、岡山県、徳島県で聞かれる民間信仰で、地域によって「ナワメスジ（縄目筋）」「ナワスジ（縄筋）」「魔物筋」と呼ばれることもある。

魔物や得体の知れないもの、妖怪や動物、神のお使いなどが通る道筋とされ、人が通るのを許さず、その上を歩くと気持ちが悪くなるという。また、その上に家を建てると、病人が続出するなど、無理に人が立ち入ろうとすれば、その身に災難が降りかかるとされるのだ。

ある土地では、「ナワスジ」と呼ばれていた道を改修して道を造ったところ、職員たちが就寝中に、何者かに胸をしめつけられる怪異に襲われた。

神棚をつくり、神主にお祓《はら》いをしてもらったところ、怪現象は収まったという。

第7章

ことわざ・故事成語の怖い意味とは？

83 「毒を食らわば皿まで」の続きとは？

「毒を食らわば皿まで」という言葉があるが、この場合の「毒」は、「悪事」のたとえ。つまり、いったん、悪事に手を染めてしまったらもう引き返せないということ。また、それならばいっそ、最後まで悪に徹《てっ》しようとすることを表している。そこから、心ならずも面倒なことに関わってしまった以上、最後まで関わるという強い気持ちを表すこともある。

ところで、悪事に手を染めたものの、改心して悪事から身を引くことを「足を洗う」と表現するが、なぜ「手」を染めたのに「足」を洗うのかは不明だ。

さて、「毒を食らわば皿まで」には続きがある。

皿まで「食らえ」という意味と思われがちだが、さすがに「皿」は食べられない。正しくは「舐《な》めろ」である。いったん毒を口にした以上、死ぬことはわかっているのだから、皿まできれいに舐めてしまえという言葉なのだから恐ろしい。

84 なぜ「血で血を洗う」というのか？

「血で血を洗う」はもともと『旧唐書《くとうじょ》』という書物に記されていた言葉である。中国の唐時代の歴史を記した二百巻からなる書物で、『史記』『漢書《かんじょ》』『後漢書《ごかんじょ》』『三国志』などとともに、中国歴代の正史である「二十四史」のひとつにも数えられている。

その『旧唐書』の「源休伝《げんきゅうでん》」には、こんな一節が記されている。

「可汗休《かがんきゅう》に謂《い》わしめて曰《いわ》く、汝《なんじ》が国すでに突董《とっとう》等を殺す。吾《われ》また汝を殺さば、猶《なお》血を以《もっ》て血を洗うがごとく、汗益甚《かんえきはなは》だしきのみ」

つまり「ウイグルの王が源休に言ったところによれば、おまえの国ではすでに（私のおじの）突董を殺した。もし、私がおまえを殺せば、血をもって血を洗うかのように、事態はますます悪化してしまう」という意味で、殺し合いを続けることの無意味さを伝えたものだ。

たしかに、暴力に対して暴力で、あるいは悪事に対して悪事で返礼するのは、残虐さをエスカレートさせるだけである。それは個人間の小さな抗争から国家間の戦争に至るまで、例外はない。

もともと「血で血を洗う」は「殺戮《さつりく》に対する報復としての殺戮」を指していたが、その後、親子や兄弟、あるいは肉親同士の争いごとにも使われるようになった。そうした争いについては「骨肉の争い」という言葉もある。

ちなみに「目には目を、歯には歯を」というフレーズで知られるのが、古代バビロニア王国の『ハンムラビ法典』で、王が諸民族の支配のために定めた。

だが、こちらの場合は争いごとというよりも、「人が誰かを傷つけた場合、その罰は同程度のものでなければならない」という罪と罰に対する考え方で、「報復律」と呼ばれるものだ。

85 「白羽の矢が立つ」は災難の意味だった？

「あなたに白羽《しらは》の矢が立った。大変な抜擢《ばってき》だ。大いに力を発揮してくれ」

これは、人事を告げる場合などによく使われる表現である。

「白羽の矢が立つ」とは大勢のなかから選ばれるという意味だが、多くの場合、大役に選ばれるようなときに使われるので、「あなたに白羽の矢が立った」と言われれば、喜んでいいはずだ。

ところがこの言葉には、実は哀しい物語が伝えられている。

その昔、政《まつりごと》がうまくいくように、神に願いをかけて人身御供《ひとみごくう》を捧《ささ》げる風習があった。神事のために、生きた人間を捧げるものであり、選ばれるのは若い娘が多かった。

集落のなかでどの娘が選ばれるか。それがわかるまで、年頃の娘を持つ家では生きた心地《ここち》もなくおびえていたのである。

そして、ある日、ある家の戸に白い羽の矢が突き立てられる。これこそ、その家の娘が人身御供として選ばれたことを知らせるものだった。この矢は神が選び、立てたものとされ、「逆らうことは許されない」のが決まりだった。

今でも神社で授けてもらう破魔矢《はまや》には白羽が使われている。ここからもわかるように、白は神聖な色で、白羽で神の意志を示したわけだ。

つまり本来、白羽の矢が立つとは、とんでもない災難にみまわれることを意味していたわけだ。

だが、一方で「開運吉事の象徴」ともされている。東京深川の富岡八幡宮《とみおかはちまんぐう》の伝承によると、菅原道真《すがわらのみちざね》の子孫・長盛法印《ちょうせいほういん》が寝ていると、八幡大菩薩《だいぼさつ》が現れた。そして、「武蔵《むさし》の永代島《えいたいじま》に白羽の矢が立っているぞ。それこそ私が鎮座すべき場所である」と告げたとされる。実際にその地に行くと一本の白羽の矢が納められた小さな祠《ほこら》があったので、富岡八幡宮を建てて八幡大菩薩を祀《まつ》ったという。

このため、授与される「白羽の矢」は、「吉事当たり矢」とされ、開運、縁起がよいことの象徴とされるのだ。

86 かつて「寝首をかく」のは妻だった？

戦国乱世の世に天下人となったのが豊臣秀吉《とよとみひでよし》である。その寝首をかこうとしたのが、大盗賊の石川五右衛門《いしかわごえもん》だった。

戦国時代には「忍びの者」も暗躍し、敵対する武将の寝首をかこうとして寝所《しんじょ》に入り、その目的を達成した者もいるが、失敗して捕らえられた者も多い。

だが、寝首をかこうとしていたのは「男」とは限らない。

戦国時代には、武将同士で結んだ同盟の強化をはかるために、人質として娘を嫁に出すなど「政略結婚」は日常茶飯事であった。従ってときには嫁ぐ娘に、「夫の寝首をかいてこい」と命じる武将もいたのである。

「美濃《みの》の蝮《まむし》」と呼ばれ、周辺の戦国武将たちから恐れられていたのが斎藤道三《さいとうどうさん》。その道三が、隣国・尾張《おわり》の「うつけ」といわれていた織田信長《おだのぶなが》に、愛娘《まなむすめ》の濃姫《のうひめ》を嫁がせるときの話だ。

父も娘もそれがめでたい婚礼などではなく、政略結婚だということはもちろん承知のうえである。

「信長が本当にうつけ者であったなら、この短刀で信長の寝首をかけ」

と命じる父・道三。それに対して、

「心得ております」

と答える濃姫だったが、その言葉に続けて、

「されど、ことの次第によってはこの刃《やいば》、父上に向けることになるかもしれません。それでもよろしいですか」

と言い放ったのである。

それを聞いた道三は烈火《れっか》のごとく怒るかと思いきや、

「よくぞ申した。それでこそ蝮の娘じゃ」

と、呵々《かか》大笑《たいしょう》したと伝えられている。戦国とは、そういう時代だったのである。

しかし、信長はうつけどころか天才的な武将で、天下統一（信長の言葉によれば「天下布武《ふぶ》」）に向けて怒濤《どとう》の勢いで、戦国の世を疾走した。蝮の道三の夢を、娘婿《むすめむこ》が継いだのである。

だが、信長が志半ばにして、本能寺の変で暗殺されたことは歴史の伝えるとおり。濃姫も本能寺の変で信長と運命をともにしたという伝承もある。

いわゆる「敵対勢力」に対して、自分の姉や妹、あるいは娘を養女として送り込み、時期をみはからって暗殺させたという話は歴史によく登場するが、迎えた妻に「寝首をかかれる」こともあったわけだ。

さすがに昨今は「殺される」という意味で「寝首をかかれる」と使われることはないが、「油断をしていたところ、反旗を翻《ひるがえ》される」あるいは「信頼していた相手に裏切られる」といった意味での「寝首をかかれる」という表現は見られる。

87 なぜ「人を呪わば穴ふたつ」なのか？

穴ふたつの「穴」とは墓穴《はかあな》のこと。「ふたつ」のうち、ひとつは呪い殺した相手を葬《ほうむ》るための穴だが、もうひとつは自分自身の墓穴。つまり、誰かを呪えば、自分も同じ目にあうという意味である。他人の不幸を願えば、自分自身も不幸になるという戒《いまし》めなのだ。

平安時代の呪術師が、「誰かを呪い殺そうとするときには、自分が返り討ちにあって死ぬ覚悟がなければ、そもそも呪いをかけてはいけない」と自戒したものと見る向きもある。

不思議なことに、英語にも似た表現がある。

「Curses return upon the heads of those that curse」で、直訳すれば「呪いは呪う人の頭上に戻ってくる」となる。どうやら、洋の東西を問わず、むやみに人を呪うことは戒められていたのだろう。

88 「断腸の思い」の語源となった猿とは？

はらわたがちぎれるほどの悲しさを「断腸の思い」という。

これは、中国の後漢《ごかん》末から東晋《とうしん》までの著名人のエピソードを宋《そう》の劉義慶《りゅうぎけい》が編纂《へんさん》した『世説新語《せせつしんご》』に載っている話から生まれた言葉だ。

晋《しん》の武将・桓温《かんおん》が三峡《さんきょう》を船で旅をしたとき、部下が子ザルをつかまえた。すると、その子ザルの母親が追いかけながら泣き叫び、百里あまり進んでもまだ追いかけ続けていた。

やがて、母ザルが跳び上がって船に上がり込み、子ザルのもとにたどり着いたのだが、すぐに死んでしまった。理由を調べようと、母ザルの腹の中を見ると、腸がずたずたにちぎれていたという。そのことを聞いた桓温は怒り、子ザルをつかまえた部下を部隊から追い出したという。

子どもを思う母の気持ちは、人間もサルも変わりはないということだろう。

89 なぜ陰の実力者を「黒幕」と呼ぶのか？

政財界はもちろん学界、スポーツ界、芸能界など、あらゆる世界において表舞台で活躍する人がいる一方、姿を見せないものの実は陰でその世界を牛耳《ぎゅうじ》っている「真の実力者」が存在することは珍しくない。

昭和の時代でいえば、「昭和の妖怪」といわれた岸信介《きしのぶすけ》元総理大臣や、「目白《めじろ》の闇将軍」と呼ばれた田中角栄《たなかかくえい》元総理大臣がその代表だろう。田中角栄の場合は、政界の表舞台から姿を消したあとも「黒幕」として絶大な影響力を持ち、のちの内閣の多くは「角影《かくえい》内閣」と揶揄《やゆ》されたほどだ。

さて、黒幕の語源は歌舞伎の世界にある。夜のシーンや場面転換で使う黒い幕のことだ。舞台上の一部を隠す演出などに使われることから、背後で影響力を行使する人物になぞらえられたのだ。

90　裏で人を操るのがなぜ「差し金」なのか？

巨悪が表舞台に姿を現さないのは「政界」や「闇社会」の常識。「実行部隊」はいいように使われ、悪事に手を染め、スキャンダルや犯罪として露見すると「トカゲのしっぽ切り」となるのが世の常だ。場合によっては死に追い込まれることもある。もちろん、義理に厚い手下は「誰かの差し金で動いた」などとは口にしないため、陰に隠れて、手下を操っていた人物は安穏《あんのん》と暮らし続ける。

この「差し金」という言葉も歌舞伎から来ている。

歌舞伎あるいは文楽《ぶんらく》の舞台で、蝶《ちょう》をひらひらと舞わせたり、鳥を飛ばしたりするときに、黒く塗った竿《さお》の先に針金をつけた道具が使われる。これが「差し金」だ。目立つことはないが、その先にある小道具を自由自在に操るのがすごい。これが転じて、自分は裏側に隠れたまま、人を操ることを「差し金」というようになった。

91 目の病気がなぜ「ものもらい」なのか？

北海道から東北、関東地方にかけて、東日本の広い範囲と九州地方では「ものもらい」と呼ばれ、近畿から中国・四国地方あたりまでは「めばちこ」と呼ばれる目の病気が「麦粒腫《ばくりゅうしゅ》」。黄色《おうしょく》ブドウ球菌《きゅうきん》などの細菌に感染すると、目の腫《は》れなどの症状が現れる。

では、なぜ「ものもらい」と呼ばれるのか。古くからの言い伝えとして、福島県では「三軒の家から米をもらって食べると治る」とされたり、別の地域でも「七軒の家をまわって、食べものをもらうと治る」という迷信が残されている。

麦粒腫は自然治癒《ちゆ》する病気だが、膿《うみ》が出て治るまでには数日間を要する。いってみれば「治るまでには、何軒かの家をまわって食べものをもらうくらいの日数がかかる」ということであり、そこから「ものもらい」という言葉が生まれるようになったと考えられる。

一方、近畿から中国・四国地方あたりまでは「ものもらい」ではなく、「めばちこ」と呼ぶ。製薬会社の情報では、「目をパチパチさせる様子からきている」などの説が紹介されているが、「はっきりしたことはわかっていない」という。

また、近畿地方の一部では「メイボ」と呼ぶ地域もある。「目＋イボ」が語源と想像される言葉である。

北陸地方の福井県や石川県、あるいは長崎県や大分県といった九州の一部では「めもらい」と呼ばれているそうだ。

現代のように交通機関やメディアが発達していなかった時代においては、同じ病《やまい》でも地方によって、これだけ呼び名が違っていた。

実は、医学の発達していなかった時代の話として、「目に見えるものをなんでも欲しがるから、その罰として目が腫れるので『ものもらい』と名づけられた」という説もある。

92　足袋をはいて寝ると親の死に目にあえない？

頭寒足熱《ずかんそくねつ》という言葉があるように、寒い冬の夜など、眠るときに靴下をはく人が少なくない。医学的には血流はよくなるらしいが、疲れがとれにくいという話もあり、どうやら「人それぞれ」「健康状態によりけり」ということに落ち着きそうだ。

だが、靴下ではなく足袋《たび》となると話は変わってくる。「足袋をはいて眠るのは縁起が悪い」からだ。

仏式の葬儀の場合、死者を棺《ひつぎ》に納める前に、湯灌《ゆかん》される。そして、あの世に旅立つ準備として、死装束《しにしょうぞく》が整えられる。そのとき、足にはかされるのは足袋と草履《ぞうり》。つまり、永遠の眠りにつくときにはくのが足袋というわけだ。

健康常識などとは縁のなかった時代においては、「眠るときの足袋」は忌《い》むべきものだったわけで、そのため「親の死に目にあえない」という脅《おど》し文句で、足袋をはいて眠ることを戒めたと考えられる。

93 「霊柩車を見たら親指をかくせ」はなぜ？

平成二十七年（二〇一五）に、日本では約六千台の霊柩車が走っていたという。霊柩車が登場する前には、人が駕籠《かご》を担《かつ》いで運んだり、大八車のようなものに棺を乗せて運んだりしていた。

日本に、現在のような自動車タイプの「霊柩車」が登場したのは大正時代初期の頃とされる。だが、「霊柩車を見たら親指をかくせ」というしきたりに類するものは、それ以前からあったようだ。それが、「葬列と出合ったら、親指をかくさないと親の死に目にあえない」というものだ。親の命を心配するのは、親指＝親を連想したためとされる。

昔は自宅で葬儀を行い、先祖代々の菩提寺《ぼだいじ》に遺体を運び、土葬するのが一般的だったから、葬列とすれ違うことも多かっただろう。現在は葬祭会場から火葬場に移動するため、クルマに頼らざるを得ないという時代背景がある。

故人を偲《しの》んで、お通夜や告別式に参列した人には、精進落《しょうじんお》としなどの「お清め」の儀式がある。だが、たまたま棺を運ぶ葬列に出合った人は、死者の霊力を浴びることになる。そのとき死者の霊は、手の親指の先からその人にとり憑《つ》くと信じられていた。そこで、親指を手の中に収めて、ぎゅっと握ることで、死者の霊から身を守ろうとしたわけである。

また、親指を中に入れて手を握ろうとすると、身体は自然に力むようになり、その大きなパワーで死者の霊を退散させようとしたという説もある。そうした「葬列に出合ったら」というフレーズが、霊柩車の登場で「霊柩車を見たら」に変化したのだろう。

ところが、「霊柩車を見るのは縁起がいい」という考え方もある。そうそう走っているクルマではないから、「めったに見られない＝幸運」という図式が生まれたのかもしれない。

たしかに「おみくじで『凶』を引くといいことがある」ともいわれるし、新幹線の検査車両の運行は十日に一度で、目にする機会が少ないことから「幸運を招くドクター・イエロー」などとも呼ばれている。

94 「啖呵を切る」の語源は病気にあった？

ひと昔前の映画やテレビドラマでは、もめ事を起こした相手に対し、「矢でも鉄砲でも持って来い」などと怒鳴るシーンがあった。かと思えば、「耳の穴から指突っ込んで、奥歯ガタガタいわしたろか」などと、威勢はいいがおよそ現実的とは言いがたい台詞《せりふ》があったりもした。

落語にも、武士にたてついた町人が「二本差しが怖くて、田楽《でんがく》が食えるか。気の利《き》いた鰻《うなぎ》なら、三本も四本も焼くときに串がささってらぁ」などと言ったりする。

こうした勢い鋭く歯切れのよい言葉を「啖呵《たんか》」というが、これは仏教の「弾呵《だんか》」に由来するという説がある。「弾」は弾劾《だんがい》裁判などに使われる弾で、「罪をただす」という意味をもつ。「呵」は良心の呵責《かしゃく》などと使われる呵で、「叱《しか》る」という意味。「自分だけが成仏すればいい」という考えを叱ったことから転じて、激しく罵《ののし》る様子を表したものとされている。

啖呵といえば、歯切れのよさと威勢のよさが身上《しんじょう》だ。ほとんど目にすることがなくなった「バナナの叩き売り」などは「啖呵売」と呼ばれた。

啖呵売といえば、多くの人に愛された映画『男はつらいよ』の主人公車寅次郎《くるまとらじろう》の口上《こうじょう》が人気だった。

「ったく、しょうがねーなー。ヒマはたっぷりあるけど、金のねー奴ばっかりが集まっちまった」と売れ行きの悪さを嘆《なげ》き、最後には、「わかった、もう、いい。持ってけ、泥棒」と、商売を投げ出してしまうようなシーンもあった。

このように「啖呵」は威勢のいいものだが、意外にも語源は病気という説もある。激しく咳《せ》き込んだときに出る痰《たん》、あるいは痰の出る病気が「痰火《たんか》」。「病だれに炎」に「火」という字面《じづら》からしても、咳《せき》の激しさがわかろうというもの。この痰火が治り、のどや胸のモヤモヤが取れてスッキリした状態になると、「痰火が切れた」といったのである。

つまり「痰火」の治ったスッキリ感と「啖呵」の切れ味がオーバーラップして、しかも威勢のよさから文字を「啖呵」と変えて生まれた言葉というわけだ。こちらも納得できる話だ。

95　しつけ糸を取らずに着ると不運を招く？

新年度がスタートすると、真新しいスーツに身を包み、見るからにそれとわかる新社会人を街中や駅で目にする。

ただ、スーツを着慣れていない新社会人のなかには、上着の背中の裾《すそ》やスカートのスリットの裾に×印がついたままだったりすることがある。

「しつけ糸」の取り忘れは、新人だから「ご愛敬《あいきょう》」で済むが、マナーに厳しい人からは「だらしない」と言われるかもしれない。もし、縁起を担《かつ》ぐ人であれば、怒るか、叱るか、呆《あき》れるか……だ。

その理由は「死装束はしつけ糸をつけたまま」だから。

亡くなった人が棺に入れられるとき、経帷子《きょうかたびら》と呼ばれる白装束を着せられる。あの世への旅立ちの装《よそお》いだが、その装束は「しつけ縫《ぬ》い」と呼ばれる、糸留めをしない素縫いが作法である。つまり「しつけ糸を残したままの服」は「死装束」と見られてしまうのである。

いまどきは母親の手作りの服を着る子どもは少なくなり、手作りにしてもミシンを使った服がほとんどだろう。

だが、江戸の昔には、母親が古い着物をほどいて、別の着物に仕立てることは当たり前だった。

そんなとき、子どもが「試しに着てみよう」などと袖《そで》を通そうとすると、縁起が悪いから、やめなさいと叱られたそうだ。ときには「しつけ糸を取らずに着ると死ぬ」とまで言われたらしい。

「死」は誰にでも訪れることだが、「できるだけ遠ざけたい」という願いがあるのだろう。

そのせいか「死」や「葬儀」を連想させるものには「タブー」とされたものが少なくない。「一膳飯は不運を招く」とか「北枕は不吉なことが起こる」などは、その代表的なものといえるだろう。

96 「夜、口笛を吹くとヘビが出る」のはなぜ？

広く知られている言い伝えに、「夜、口笛を吹くとヘビが出る」がある。地方によっては「ヘビ」が「鬼」になったり「亡霊」になったりする例もあるそうだ。また「夜、口笛を吹くと泥棒に入られる」と伝わっているところもあるらしい。

ヘビは、その姿から忌《い》み嫌われることは少なくない。だが、その一方で「神様の使い」と崇《あが》められたり、「お金をもたらす」と信じられていたりするのも事実。要するにその存在は「得体《えたい》のしれないもの」だったといえるだろう。

静まりかえった深夜の口笛は、近くならはっきりと聞こえ、また、その音は遠くまで響く。人々が寝静まった時間帯に「ヒューッ」という音が聞こえれば「なにごとか」と目を覚ます人もいるだろう。つまり、他人様の迷惑になるから「夜、口笛を吹くのはやめましょう」という戒めになり、「ヘビが出る」と脅したのではないだろうか。これは「鬼」や「亡霊」についても同様である。

「泥棒に入られる」については、もう少し現実的のようだ。

夜盗が暗躍する時間帯の合図を考えれば、目で見える合図では役に立たない。つまり「音」以外に「通信手段」がないのだ。

口笛なら、音程の高さや長さ、あるいは決まったメロディなど、さまざまな吹き方で、いくつもの合図を送ったり、受け取ったりすることができる。もちろん、夜盗をたくらむような悪党たちに「夜、口笛を吹くのはやめなさい」などと言ったところで通用するわけがない。

たまたま、夜、口笛を吹いたとき、近くに夜盗がいて、それが「こっちに来い」という合図だったとすれば、不運としかいいようがない。

夜の口笛を嫌ったのは、江戸の町人や山村の村人たちだけではない。武家屋敷でも禁忌とされていたらしい。その理由は、口笛の「ヒューッ」という音が、弓矢が空気を切り裂いて飛ぶ音に似ていたため。

夜、弓矢が飛んでくるのは、矢文《やぶみ》や襲撃など。どちらにしても、穏《おだ》やかなものとはいい難く、不寝番《ふしんばん》の侍からすれば迷惑な話だっただろう。

97 江戸っ子はなぜ「宵越しの金は持たねぇ」？

「江戸っ子は五月の鯉の吹き流し　口先ばかりではらわたはなし」と笑われるように、たとえ口は悪くても、腹の中は悪くない……というよりも「何もない」のが江戸っ子のようだ。

「江戸学」の研究者である三田村鳶魚《みたむらえんぎょ》は、「江戸っ子」について、町の表通りに住む町人とは異なり、裏店《うらだな》の長屋に住む大工や左官に代表される職人や火消し、武家に奉公する人などが、最も江戸っ子らしいとしている。また、典型的な江戸っ子が十返舎《じっぺんしゃ》一九《いっく》の『東海道中膝栗毛』や式亭三馬《しきていさんば》の『浮世床《うきよどこ》』などに登場するが、三田村は「江戸っ子」は無学で本を読むことがないから、江戸っ子をからかったような作品を発表しても問題にならなかったとしている。

たしかに、落語に出てくる「八つぁん、熊さん」などの人物が読めるのは、ひらがなばかり。漢字が使われた手紙を受け取ると、「横丁のご隠居さんに読んでもらう」

のが相場となっている。

そんな江戸っ子たちがよく口にする言葉が「宵越《よいご》しの金なんざ持たねぇ」。だが、稼《かせ》ぎが悪いかというと、そうでもない。腕のいい職人たちはおかみさんをもらって、子どもを育て、娘がいれば稽古ごとのひとつにも通わせ、弟子たちの面倒もみている。ただし、「貯金」とは無縁だ。それというのも、江戸の町は「火事と喧嘩《けんか》は江戸の華《はな》」といわれるほど、大火が多かったためだ。

徳川幕府が開かれる二年前の慶長《けいちょう》六年（一六〇一）、江戸中を焼失するほどの火事に見舞われている。その後、大政奉還《たいせいほうかん》までの二百六十七年間に、江戸の町は九十回もの大火に見舞われている。ちなみに同じ期間に起きた大火は、京都が三回、大坂が三回であるから、江戸の町でどれほど頻繁《ひんぱん》に火事が起きていたかがわかる。

たとえば、「振袖《ふりそで》火事」と呼ばれる明暦《めいれき》三年（一六五七）の明暦の大火では、本郷丸山の本妙寺から出火し、強い北西風にあおられたせいで、二日間にわたって延焼。江戸の大半が被災しただけでなく、江戸城の天守も焼失している。江戸時代最大の被害を出した大火で、十一万人に近い死者を出している。

井原西鶴《いはらさいかく》の『好色五人女』でとりあげられ、その後、歌舞伎や文楽などの作品になったのが「八百屋お七」で、お七も被災したとされるのが、天和《てんな》二年（一六八三）の天和の大火。駒込《こまごめ》の大円寺《だいえんじ》から出火し、北西風により延焼。焼失した武家屋敷は二百四十一、寺社は九十五にも及び、死者は八百人とも三千人ともいわれる。

当時の家屋敷はほとんどが木造で、火事となれば燃えやすく、また延焼を防ぐため、火消したちによって家を壊されることも珍しくなかった。ひとたび火事が起きれば、いずれにしても家や財産はすべて失われる運命だったのである。

銀行もない時代だから、蓄《たくわ》えるといっても、いわゆるタンス貯金だが、燃えてしまっては身もふたもない。

その結果、「宵越しの金なんざ持たねぇ」となるのも無理もないだろう。しかも、そうでなくても、江戸っ子といえば「見栄っ張り」「向こう見ずの強がり」「生き方が浅薄《せんぱく》で軽々しい」などと言われており、地道にコツコツと貯《た》めるのは、「江戸っ子の風上《かざかみ》にもおけねぇ」ということになるのだろう。

その一方で、正義感にあふれ、人情家で、おまけに涙もろいときているから、始末に負えない。そういえば「江戸っ子の生まれぞこない金をため」という川柳もあった。

98 「臥薪嘗胆」とは復讐を忘れない心？

「臥《が》薪《しん》嘗《しょう》胆《たん》の思いで、頑張ってきました」などという言い方がある。臥薪嘗胆は、目的達成や名誉挽回のために、つらく苦しいことでも耐え抜くというたとえである。

この言葉が生まれた背景には、壮絶な復讐劇がある。

昔、中国の呉《ご》と越《えつ》の国は長年にわたり戦っていたが、呉の国王は瀕《ひん》死《し》の重傷を負った。呉王は息子の夫《ふ》差《さ》を呼び、「この恨《うら》みを一生忘れてはならない」と告げ、息を引き取った。

その日から息子は「薪《まき》」を積み上げて、その上に「臥《ふ》せて」眠った。薪に伏せるのだから、体が痛んで眠るどころではないが、そのことで父親の無念を忘れないようにしたのである。やがて、夫差は越に攻め入って勝利した。

さて、越の国王・勾践《こうせん》は、呉の王族に越の財産をすべて譲り、自らが奴隷《どれい》となることで命乞いをした。夫差の家臣は止めたが、夫差はその申し出を受け入れた。

勾践は部屋に獣の「胆《きも》」を吊るし、朝夕に「嘗《な》」めた。獣の胆はひどく苦かったが、勾践はそれで敗戦の屈辱《くつじょく》を忘れないようにしたのである。

二十年の月日が流れ、力を蓄《たくわ》えた勾践は、呉の軍を打ち破った。家臣の言葉に耳を傾けなかった夫差は自害し、長い年月をかけた戦いは幕を下ろして、「臥薪嘗胆」の言葉が生まれたのだった。

99　南天がトイレのそばに植えられた理由は？

トイレは不浄の場とされ、昔の日本家屋では母屋《おもや》とは離れた場所にトイレが設置されていた歴史もある。そのトイレのそばに植えられていたのが南天《なんてん》。

昔から日本では「赤は魔除けの色」とされており、神社の鳥居が赤いのは誰でもご存じだろう。南天の赤い実にも「厄除け」の効果があると信じられていたのだ。

南天の葉は「南天葉《よう》」と呼ばれる生薬《しょうやく》で、胃の不具合や、発熱、咳などに効果があるほか、食品の防腐にも効果を発揮する。

また、「なんてん」という音が「難転」、つまり「難を転ずる」に通じることから、縁起のよい木とされ、トイレだけではなく、鬼門とされる艮《うしとら》の方角（北東）や、裏鬼門とされる坤《ひつじさる》（南西）の方角に植えられることも多い。江戸中期の『和漢三才図会《わかんさんさいずえ》』にも「南天を庭に植えれば火災を避けられる」とあり、江戸の人々は「火災除け」として玄関前などに植えたという。

参考文献

武光誠『もっと知りたい日本のしきたり』(ゴマブックス)
永田久『年中行事を「科学」する』(日本経済新聞社)
重金碩之『365日 縁起・風習読本』(啓明書房)
小林紀晴『ニッポンの奇祭』(講談社)
出口汪・監修『本当は怖い日本のことわざ』(宝島社)
こんなに知っている委員会『日本全国「へぇ、そうだったのか!」雑学』(KADOKAWA)
平川陽一『山と村の怖い話』(宝島社)
日本の風習としきたり研究会『本当は怖い日本の風習としきたり』(イーストプレス)
博学こだわり倶楽部『「ジンクス」の不思議』(河出書房新社)
しきたりと文化研究会『ちゃんとした大人のための日本人の常識200』(竹書房)
幸運社編『日本の決まりごと』(経済界)
黒塚信一郎『茶柱が立つと縁起がいい』(原書房)
工藤隆雄『マタギ奇談』(山と渓谷社)
平川陽一編著『あなたの知らない京都・異界完全ガイド』(洋泉社)
火田博文『本当は怖い日本のしきたり』(彩図社)
藤野紘『日本人なら大事にしたい 和の知恵』(三笠書房)
大峡儷三『陰陽で読み解く日本のしきたり』(ＰＨＰ研究所)
平川陽一『日本の城・封印されたミステリー』(ＰＨＰ研究所)
小松和彦『日本魔界案内』(光文社)
千葉公慈『知れば恐ろしい日本人の風習』(河出書房新社)
三橋健『厄祓い入門』(光文社)
幸運社編『美しい日本の習慣』(ＰＨＰ研究所)
三浦竜『いまだ解けない 日本史の中の怖い話』(青春出版社)
小松和彦『京都魔界案内』(光文社)
丘眞奈美『京都「魔界」巡礼』(ＰＨＰ研究所)
杉岡幸徳『奇妙な祭り』(KADOKAWA)
田中康弘『山怪』(山と渓谷社)
ミステリーゾーン特報班編『京都　恐るべき魔界地図』(河出書房新社)
深層心理研究会編『本当は恐い!　日本むかし話　知られざる禁忌譚』(竹書房)
深層心理研究会編『本当は恐い!　日本むかし話　封印された裏物語』(竹書房)
深層心理研究会編『本当は恐い!　日本むかし話　秘められた異聞録』(竹書房)
村上健司『京都妖怪紀行』(KADOKAWA)
稲田義行『現代に息づく陰陽五行　増補改訂版』(日本実業出版社)
村松定孝『新・日本伝説100選』(秋田書店)

〈著者略歴〉
平川陽一（ひらかわ　よういち）
1946年、東京生まれ。早稲田大学文学部仏文学科卒。光文社カッパ・ブックス編集部を経て、現在、株式会社幸運社代表。主に歴史ミステリーや発想クイズの分野で活躍している。
主な著書に『世界遺産・封印されたミステリー』『古代都市・封印されたミステリー』『日本の城・封印されたミステリー』『47都道府県・怖くて不思議な物語』（以上、ＰＨＰ研究所）、『世界の超常ミステリー①②③④』『戦争で読む日本の歴史地図』（以上、KKベストセラーズ）、『大人の発想クイズ』（廣済堂出版）などがある。

装幀：根本佐知子（梔図案室）
カバー写真：Getty Images
本文イラスト：瀬川尚志
編集協力：みなかみ舎
松森敦史

※しきたりの意味には、本書で紹介した以外にも諸説あります。

本当は怖い！　日本のしきたり
秘められた深い意味99

2018年12月４日　第１版第１刷発行

著　者　平川陽一
発行者　後藤淳一
発行所　株式会社ＰＨＰ研究所
東京本部　〒135-8137　江東区豊洲5-6-52
ＣＶＳ制作部　☎03-3520-9658（編集）
普及部　☎03-3520-9630（販売）
京都本部　〒601-8411　京都市南区西九条北ノ内町11
PHP INTERFACE　https://www.php.co.jp/
制作協力
組　版　株式会社PHPエディターズ・グループ
印刷所　大日本印刷株式会社
製本所　東京美術紙工協業組合

　ISBN978-4-569-84184-7